終わらない戦争

ウクライナから見える世界の未来

小泉 悠

文春新書

1419

はじめに

本書『終わらない戦争』は、二〇二二年秋から二〇二三年の夏くらいまでに行われた六本の対談を再録したものです。媒体もテーマもいろいろではあるものの、どの対談もウクライナでの戦争が大きな比重を占めています。

実は同じようにウクライナ戦争をテーマとした対談集を私は二〇二二年九月に出しているのですが、それから一年経ってもまだ戦争は終わらず、結局二冊目が出るに至ってしまいました。本当は前回の『ウクライナ戦争の２００日』に続いて『ウクライナ戦争の５００日』にしようという案で話が動いていたのです。しかし、開戦五百日目はあっという間に過ぎ去ってしまい、それでも停戦の気配はまるで見られないのでこういうタイトルになりました。

この間、ウクライナの戦場では、ハルキウ及びヘルソンでのウクライナ軍の反撃、民間軍事会社ワグネルによるバフムトへの攻勢、そして南部ザポリージャ正面におけるウクライナ軍の再度の反撃、と大きく事態が移り変わりました。また、ウクライナの都市や生活インフラがロシア軍の空襲で激しく攻撃され、ウクライナ側も報復としてロシアへのドローン攻撃を行う、といった形で、戦場の外部における展開にも目まぐるしいものがありました。

したがって、それぞれの対談の内容には若干情報が古い部分もありますし、その時点における不確実な予想や、外れた分析なども含まれています。これらの点については註で最低限の補足を行うなどはしたものの、基本的にはそのまま再録することにしました。

最新の知見に基づいた分析は、最新の刊行物で読むことができるわけです。それよりも、ある時点における限られた（そして多くの場合は信憑性の不確かな）情報を専門家たちはどのように捌いているのか、という思考プロセスを記録しておくということに、この種の対談本の意義はあるだろうと考えました。

このスタンスは、前回の対談本である『ウクライナ戦争の２００日』と基本的に同じです。ただ、今回の『終わらない戦争』では、六回の対談全てが研究者との対話となりました。その分、「専門家の思考プロセスを垣間見る」という色彩の濃い一冊になったのではないかと思います。

第Ⅰ章は防衛研究所の千々和泰明主任研究官との対話で、開戦前に同氏が上梓された

『戦争はいかに終結したか』（中公新書、二〇二一年）を肴にこの戦争の終わり方・終わらせ方について議論させてもらいました。ただ、千々和先生の本を読んでも、実際に議論してみても思うのは、ロシアとウクライナの戦争が終結へと至る道を描くのは本当に難しいということです。詳しくは対談の中身をお読みいただきたいと思いますが、キーワードとなる「現在の犠牲」と「将来の危険」のどちらを取っても、ロシア側・ウクライナ側双方ともになかなか武器を置けないだろうと想像されるからです。とはいえどんな戦争もいつかは終わるわけで、そのプロセスをなるべく早く・尚且つ公正なものとするヒントをこの対談からは数多く得ることができました。

第Ⅱ章では、中国研究で有名な法政大学の熊倉潤教授と行った、中露の体制比較に関する対話を収録しています。中露はどちらも巨大な権威主義体制国家であり、アメリカをライバル視し、実際に軍事的対立も抱えているという関係であるため、何かと似たところが数多くあります。したがって、中露の似たところ探しをしていくとこれはどこまでも無限にやっていけるのですが、これにはちょっと違和感のようなものも前々から感じていました。中露が似ているのはそうだとして、では他の第三国と比べた場合はどうなのか。あるいは類似点だけでなく相違点にも目を向けたらどういう比較になるのか。第Ⅱ章ではこの辺を意識しながら熊倉先生にいろんなボールを投げてみたつもりです。

結論から言えば、中露は似て非なる存在でありながら、同時に互いの存在を非常に意識し合う関係でもある、という複雑な中露関係像がこの対話からは再確認できました。この辺りの呼吸は日本人の外交観からするとなかなか摑みにくいものがあるでしょうが、熊倉先生は中ソ関係についての著書もあり、ロシア人の思考回路と中国人のそれとを行ったり来たりするような会話を繰り返す中で、読者の皆さんにも伝わるものがあるのではないかと思います。

第Ⅲ–Ⅵ章は防衛研究所の高橋杉雄防衛政策研究室長との対談です。対談は二〇二三年春から夏くらいにかけて、四回にわたって行われており、この時期における戦争のタイムラインとして読むこともできるでしょう。こうして改めて振り返ってみると、年初以降のロシア軍のドンバス攻勢が（バフムトの占領といった戦術的成果を除いて）中途半端に終わり、続いて六月から始まったウクライナ軍の南部での反転攻勢ロシア軍の陣地帯を突破できず——という形で「激しくも停滞した戦争」という印象が浮かび上がってきます。その背景にあるのは、アメリカの優柔不断さであったり、侮れないロシアの軍需生産能力であったりするわけですが、突き詰めると「大国の持つ物理的強制力」みたいな古色蒼然たるパワーから我々は現在も逃れ得ていないということになるでしょう。

別の言い方をすると、ウクライナをめぐっては二〇二三年以降、大国間のパワーが一種の均衡状態に陥っており、なかなか決着がつかないということになります。それゆえにこの戦争は四年目が見えてくる、という我ながら実に陰鬱な見通しをここでは示したのですが、果たしてどうなるものか。

ちなみに高橋先生はこの後、防衛省本省との併任となった関係でメディア露出を控えることになり、私との対談は（当面の間）この四回が最後となりました。今回の戦争ではメディアでも頻繁にご一緒し、勝手に「ハイマース」というコンビ名まで命名していただけに（高橋先生が「ハイ」であるという説が有力）、実に残念ではあります。願わくば、高橋先生とまた対談できる時にはこの戦争を過去形で振り返っていられるならいいのですが。

終わらない戦争　ウクライナから見える世界の未来　目次

初出一覧

Ⅰ　ウクライナ戦争を終わらせることはできるのか

千々和泰明×小泉 悠

「文藝春秋ウェビナー」(2022年9月9日) をもとに初活字化

Ⅱ　プーチンと習近平の急所はどこにあるのか？

熊倉 潤×小泉 悠

「中央公論」(2023年3月号) をもとに加筆修正

Ⅲ　ウクライナ戦争「超精密解説」　高橋杉雄×小泉 悠

「文藝春秋」(2023年5月号) をもとに加筆修正

Ⅳ　逆襲のウクライナ　高橋杉雄×小泉 悠

「文藝春秋」(2023年7月号) をもとに加筆修正

Ⅴ　戦線は動くのか

反転攻勢のウクライナ、バイタリティ低下のプーチン

高橋杉雄×小泉 悠

「文藝春秋」(2023年8月号) をもとに加筆修正

Ⅵ　戦争の四年目が見えてきた　高橋杉雄×小泉 悠

「文藝春秋ウェビナー」(2023年7月25日) をもとに初活字化

I

ウクライナ戦争を終わらせることはできるのか

×千々和泰明

この戦争を終わらせることはできるのか。
二度の世界大戦から朝鮮戦争、ベトナム戦争、イラク戦争まで
二十世紀以降の主要な戦争の終結過程を分析した
『戦争はいかに終結したか』の著書がある千々和泰明さんと
ともに、その「出口戦略」を考える。
開戦200日を目前にした対話。

（2022年9月9日）

千々和泰明（ちぢわ・やすあき）
1978年生まれ。防衛省防衛研究所主任研究官。広島大学法学部卒業。大阪大学大学院国際公共政策研究科博士課程修了。博士（国際公共政策）。ジョージ・ワシントン大学アジア研究センター留学、京都大学大学院法学研究科COE研究員、日本学術振興会特別研究員、防衛省防衛研究所教官、内閣官房副長官補付主査などを経て、2013年より現職。著書に『大使たちの戦後日米関係』（ミネルヴァ書房）、『安全保障と防衛力の戦後史　1971–2010』（千倉書房）、『戦争はいかに終結したか』『戦後日本の安全保障』（ともに中公新書）など。

見通せなかった戦争の長期化

小泉　ウクライナでの戦争が長期化しています。今回の戦争に関しては真正面から自分なりにまとめた本（『ウクライナ戦争』、ちくま新書）を準備している最中ですが、当時戦争が始まる前、始まった直後に自分がどんなことを考えていたのか、自分が毎週出し続けているメールマガジンを読み返してみると、当初私はこの戦争はそんなに長く続かないだろうと考えていたことがわかります。

戦争を始めたロシア軍の力が圧倒的で、ウクライナはすぐやられてしまうだろうと思っていた。ところが、『ウクライナ戦争の２００日』（文春新書）という本がもうすぐ出るところですが、すでにこの戦争は二百日も続いているわけです。すると、この戦争は相当長く続くことが予想されます。一方で、どんな戦争も永遠には続かないわけですから、やはり「戦争の終わり方」を考えなければいけなくなってくるでしょう。

プーチンが妥協的な話を飲む気があるのか非常に疑問ですし、かといって永遠に戦争も続けられない。ウクライナだって体力の限界があるわけですよね。そこで今日は『戦争はいかに終結したか』（中公新書）の著書がある千々和先生に、この戦争をどう終わらせることができるのか、あるいは終わらないとしたらどんなことになってしまうのか、歴史上の他の戦争終結の話も交えてお考えを伺いたいなと思っています。

千々和　私自身もこの戦争が始まったときに、ロシアとウクライナの間には圧倒的な力の差があるし、ロシアは核保有国であって、さらに第二次世界大戦における旧ソ連の戦い方を考えると、ウクライナには相当分が悪いだろうと考えていました。というのも、プーチン大統領はウクライナの「非ナチ化」を掲げてこの戦争を始めたからです。第二次世界大戦で、当時のソ連も連合国の一員としてドイツのヒトラー体制を叩き潰すまで戦った。そうした歴史的経緯からも、ロシアはキーウに進軍していく中でウクライナを叩きのめし、ゼレンスキー政権を倒して属国化するような終わり方を想定して、この戦争を始めたのだろうと思いました。

例えば第二次世界大戦のとき、一九四〇年に独仏の間で休戦協定が結ばれると、フランスのドイツによる占領が確定し、ヴィシーにペタン元帥率いるナチスドイツの傀儡政権のようなもの（ヴィシー政権）が成立しました。今回も同じように、ロシアによる傀儡政権がウクライナにできる可能性があるのではないかと開戦直後は見ていました。

しかし、仮にそうなったとしても、ウクライナを統治するのも簡単ではない。ドイツの占領に対するレジスタンス（抵抗運動）も起こったように、キーウのゼレンスキー政権を倒して占領したところで同じように抵抗運動も起きるだろうと考えていました。

それに実際に戦争が長期化しているのは、ウクライナ自身が自分たちの主権、独立を守ろうと抵抗する力が非常に大きかったからだと思います。その動きを見て、西側が支援してきたことも大きいでしょう。とにかく、ここまで長く続くことを世界はなかなか見通すことはできなかったし、プーチン大統領自身にも誤算があったのだと思います。

アメリカによる戦争シナリオの限界

小泉　戦争が始まる前にアメリカの戦略国際問題研究所（ＣＳＩＳ）が、今後考え得る戦争のシナリオをマトリックス（次ページ）のように出しましたが、そこにすでに限界が見て取れます。

これは縦軸にＮＡＴＯの支援が得られる／得られないの指標、横軸にロシア侵攻が小規模（東部ドンバスのみを占領）、中規模（東ウクライナとキーウを占領）、大規模（ウクライナ全土を占領）のそれぞれの場合の分類を示した上で、掛け算でどんな終わりが予測できるかというマトリックスですが、結局このマトリックスによれば、ＮＡＴＯの支援が得ら

ウクライナ反乱に関するCSISのシナリオ分析

	ロシアがドンバスを占領	ロシアがキーウ以東を占領	ロシアがウクライナ全土を占領
NATO加盟国はウクライナでの反乱を支援	**現状に近い**	**西ウクライナvs東ウクライナ**	**国境を越えた作戦**
	ドネツクとルハンシクでの戦闘が続く	冷戦時代のベルリンのように東西が分断される	NATO支援が重要な生命線に。モスクワとの間に緊張が走る
NATO加盟国はウクライナでの反乱を不支持（ウクライナ人民の征服）	**ドンバスのクリミア化**	**西ウクライナへの脅威**	**プーチンの大勝利**
	ウクライナと欧州はロシア占領に抵抗するが、その効果は限定的にとどまる	西ウクライナは経済的・軍事的に弱体化。ロシアは次の目標を定める	プーチンは旧ソ連諸国の他の国へも支配の手を伸ばす

出典：Emily Harding, Scenario Analysis on a Ukrinian Insurgency, CSIS, 2022. 2. 15

れない場合は、ウクライナはなす術がなく、侵攻の規模に応じた支配をロシアから受けることになると考えられていた。また、NATOの支援が得られる場合であっても、ウクライナ軍が組織的な抵抗を継続できるとは想定されていなかったわけです。

つまり当時のアメリカの専門家たちも、ロシア軍は圧倒的に強く、ウクライナ軍は組織的な抵抗ができなくなるという見通しをほぼ所与の前提にしていた印象を受けます。実際その証拠に、戦争初期の頃、西側諸国はウクライナに、「ジャベリン」対戦車ミサイルであるとか「スティンガー」地対空ミサイルなどの武器を供与しました。これらはすべて歩兵が担げる武器で、某所から聞いた話によれば、ウクライナの反乱戦争を支援するために供与されたというわけです。結局我々は完全にウクライナをみくびっていたし、プーチンも同じようにウクライナをみくびって始めた戦争だったのだろうと思います。

破られた非対称な戦いの構図

小泉　二十世紀の歴史を振り返ってみると、例えばバルト三国にせよウクライナにせよ、旧ソ連諸国はロシアに統治されることを嫌がったわけですよね。ウクライナの場合はウクライナ蜂起軍が抵抗活動を続けて、ソ連が送り込んできた役人や学校の先生や郵便局員などの公務員を殺して回った。ロシア語を教えに来る人たちは、ソ連による侵略者であると認識していたからです。あるいはバルト三国にも、森林地帯に潜んで戦った〝森の兄弟（フォレスト・ブラザーズ）〟という反共ゲリラなどもいたわけで、誰もがそのような非対称な戦いの構図を予期したのだと思います。

　けれども、結果は我々が知っている通りで、ウクライナの正規軍がロシア相手に互角に戦えている。さらに言うと、最初の一カ月を持ちこたえたところで、西側からの軍事援助も本格化してきた。四月以降はロシアも東のドンバス地域に注力したため、そちらではかなり大規模に火力でやられましたが、六月にアメリカ製の誘導ロケット発射システムである「ＨＩＭＡＲＳ《ハィマース》」がウクライナに供与され始めたあたりから、明らかにロシアの火力は衰えていったわけです。

　ではウクライナは反攻に出られるのだろうか？　それは西側がドカッと重装備をウクライナに渡さないかぎり難しいと私は考えていました。八月にはヘルソンでの大規模反攻を始めたものの、ウクライナが大きく土地を取り返しているわけではない。イジューム・ドンバス戦線も維持できるのかどうかも危ぶまれている[1]。

　とはいえウクライナ軍には、二度、三度我々の期待を斜め上方向に裏切ってくるようなところがあります。彼らの強さには彼ら自身の周到さもあるかもしれないし、アメリカの援助が非常に大規模であることもあるでしょうが、結局のところロシア相手に普通の戦争を繰り広げています。この戦争を半年間ご覧になってこられて、どう思われますか。

千々和　当初のプーチン大統領の誤算は、この戦争を簡単に終わらせることができるという考えにこそあったと思うんですよね。おそらく二〇一四年に一方的にクリミアを併合した成功体験、あるいは二〇〇八年のジョージア侵攻の際にロシア軍の犠牲がほとんど出なかったことを念頭に置いて始めてみたところ、なかなかそうはいかなかった。ロシア軍の犠牲も増えていく中で、東部や南部の確保のための兵力の再配置をしなければならなくなった。まさに一進一退の攻防です。

一方、ウクライナ、西側諸国にとってもロシアを駆逐するのはきわめて難題です。軍事的に可能かどうかという問題もありますし、仮に可能であったとしても、ロシアの攻撃のエスカレーションや大量破壊兵器の使用をめぐる恫喝への懸念はどうしてもぬぐいきれない。心配しなくていいという声がある一方で、バイデン政権としては慎重に考えているように見受けられます。

とにかくなかなかロシアを駆逐できない難しい状況の中で、ゼレンスキー大統領は一貫して二月二十四日のラインまで押し戻すと主張しています。クリミアについては外交的解決を目指すという話が三月末のイスタンブールの停戦交渉でも出てきましたが、ここに来てクリミアのロシア軍基地が爆破されたり、ウクライナ側の発言のトーンが変わってきた部分がある。これをどう考えるかという問題もあります。

クリミア奪還と朝鮮戦争――犠牲の見積もりを正しくできるのか

千々和　ちなみにクリミア奪還をめぐっては二つの考え方があると思います。一つは、あくまでヘルソンを奪還するための作戦としてロシア軍を混乱させるためにクリミアを叩く、あるいは補給を断つという考え方。もう一つは本気でクリミア半島の武力奪還も視野に入れ始めているという見方です。しかし、後者はリスクが大きいのでしょう。

　このことを考えるとき、例えば朝鮮戦争における「犠牲の見積もりの誤り」が頭をよぎります。朝鮮戦争では当初、三十八度線を突破して韓国に南進した北朝鮮を三十八度線まで押し返すのが国連軍に与えられていた任務だったわけですが、「北朝鮮が三十八度線以北に逃げ帰って傷をいやすことを赦せば、第二の侵略が明白である」として、アメリカの国家安全保障会議（ＮＳＣ）は国連軍に三十八度線以北の軍事行動も認めることになりました。

　そこからさらに一歩進んで、ＮＳＣの決定が修正され、さらなる国連軍の北進が可能になると、ここで事実上、朝鮮の統一が新たなアメリカの戦争目的となっていった。韓国主導で北朝鮮を打倒して朝鮮半島を統一することが目指されたわけです。しかし、国連軍の予想に反して中国の人民義勇軍が参戦すると、国連軍側の犠牲が増えて南に押し返されることになりました。結果から言うと三十八度線を突破したのは失敗だったのですが、失敗の背景として、アメリカが中国の参戦までは考えていなかったことが挙げられます。つまり、「犠牲の見積もり」を大きく誤ったわけです。

それについては、途中で参戦した中国の側からも同じことが言えます。中国が参戦して三十八度線より南に国連軍を押し返す。すると、当時のソ連の中国駐在軍事総顧問マトヴェイ・ザハロフが中国側にけしかけるんですね。「戦勝したのに追撃せず、勝利の成果を拡大しない軍隊がどこにあるのか」と。一方、中国側の彭徳懐《ほうとくかい》という中国人民義勇軍司令官は「国連軍は侮れないので、三十八度線を突破しての南進はやめた方がいい」と力説したわけです。ところが、毛沢東は、このまま一気に朝鮮半島からアメリカ軍を駆逐すると言って考えを変えない。結果として北朝鮮による朝鮮統一のもくろみはほどなく挫折し、中国側も犠牲が増えることになってしまった。

それと同じ結果になるだろうと言うつもりはありませんが、クリミア奪還を考えるならば、元々ゼレンスキー大統領が二月二十四日のラインにこだわった一つの理由は犠牲の問題だったことを思い起こさなければいけない。つまり、クリミアの武力奪還まで進むと相当の犠牲が出るとゼレンスキー大統領も発言していたわけで、「犠牲の見積もり」をどの程度慎重にできるのかが一つのポイントかもしれません。

政治体制を抹消しようとする激しい戦争

小泉　千々和先生のご著書を拝読していても、国家による戦争のコスト計算が非常に大事だとわかります。今現在の戦争のコストの問題は、その戦争を何らかの形で止めた場合のコストと常に比較されるもので、その戦争にとどまらないわけですよね。

常に次があるわけだから次の展開を考えて今の軍事力行使のやり方が決まる。これはまさにクラウゼヴィッツも言っていることです。彼は「絶対戦争」という概念を出して説明しました。つまり、政治目的のために武力行使をすると必ず敵も反撃してくるので相手を完全に打倒するまでは安心できず、必ず戦争は極限状態に達する、と。

しかし、彼は職業軍人でもあるので、それは理論であって現実は違うとも考えます。実際に戦闘はいかにして停止するのかについて紙幅を割いて書いていて、「戦争は政治のためにやるものなので、どこまでが政治目的かが非常に大事である。そして戦争が政治目的である以上、現実には極限まで行かないことも当然ありうる」とも言うわけです。戦争は一回の戦闘で終わらないわけだから、結局のところ、ではどこまでやるのかという合理的な利益計算が発生するわけですね。

では今回の戦争はどうか。プーチンの政治目的には、妥協の余地がないように思われます。千々和先生がおっしゃるように、ゼレンスキーをナチスと名指しするというのは、つまりその存在自体を生かしてはおけないということです。開戦前のドイツのショルツ首相との会談で、プーチンが「ゼレンスキーはウクライナ国内におけるロシア系住民を根絶やしにしようとしている」とまで言っていることからも、プーチンはゼレンスキーの権力そのものを奪うまで、つまりウクライナの国体を破壊するまで戦争をやめないと考えられます。だからウクライナにしても妥協ができない。

イスタンブールでの停戦交渉のテーブルにも上がったように、ロシアの要求を呑んでウクライナが中立化、非武装化すると言えば当面は戦争が止まるかもしれません。しかし当然ながら、外堀を埋めた後でまたロシアが攻めてくることが考えられます。確かに、この戦争はまだ現時点で第三次世界大戦のような巨大戦争にはなっていないですし、幸いにして核兵器も使われていない。ただ政治目的の強度という意味においては、非常に激しい戦争であるのは間違いありません。

ところで、ロシアの政治学者に、アンドレイ・ココーシンという面白い人物がいます。元々は電子工学出身でありながら歴史学の博士号も持ち、国防会議書記などを務めたという人です。彼は著書『政治と軍事の社会学』の中で、戦争は規模だけではなく性質によっても分けることができるとして、いわゆる総力戦とは違う「トータル・ウォー（Total War)」という概念を説いています。

　つまり相手国の政治体制、存在そのものを抹消するような非常に激しい戦争のことで、ココーシンは独ソ戦がこれに当たると言うんですね。そして戦争の規模自体が小さくても政治目的は激しい戦争、すなわち「限定トータル・ウォー」のようなものはありうるとしています。この意味で、今回プーチンがウクライナに仕掛けたこの戦争が、まさしく限定トータル・ウォーである気がするわけです。

　そこで千々和先生に、過去の戦争の中で、相手がこちらの存在そのものを全否定するような目的を掲げて殴りかかってきたときに、どこかで適当な落としどころを見つけて停戦が成立した事例はあるのかを伺いたい。軍事的に完全に手も足も出ないような非対称なパワー関係ならば議論の余地がない。ですが、ある程度お互いの力が伯仲していて、しかもここでやめたら相手は我々を滅ぼしにかかるだろうと思われる場合、つまり千々和先生の本（『戦争はいかに終結したか』）で書かれている「将来の危険」が残っている状態で戦争を止めたケース、そういう合意が成立した例は過去にあるのでしょうか。あるいは理論的にありうるのでしょうか。

「紛争原因の根本的解決」と「妥協的和平」——戦争終結の二つの極

千々和　いま小泉先生が触れてくださった本の中で、私は「戦争の終わり方」には、ざっくり言って二つの極があると書いています。

一つが「紛争原因の根本的解決」で、相手の政権を徹底的に叩き潰してしまう、打倒してしまうというあり方です。もう一つ反対側にあるのが、交戦相手国の要求を丸呑みする「妥協的和平」です。しかし、それぞれ一長一短であるため、ここにはジレンマが生じます。

つまり、戦争終結に際して、「将来の危険」を除去するために「紛争原因の根本的解決」を望むと「現在の犠牲」が増大する。他方で「妥協的和平」を求めれば、「現在の犠牲」は回避されるが、「将来の危険」が残るわけです。実際の戦争終結はこの二者択一ではなく、その中間のどこかに位置し、前者に傾く場合もあれば、後者に傾く場合もあるでしょう。ただ、歴史を振り返ればどちらかの極に限りなく近い例もあります。

例えば、相手を徹底的に叩き潰してしまう、「紛争原因の根本的解決」の極に達した事例が、第二次世界大戦時のドイツをめぐる対応です。ヨーロッパ征服を試みたナチスドイツ体制が崩壊しない限り、ナチズムは「将来の危険」として残り続けるだろうと連合国側

「紛争原因の根本的解決」と「妥協的和平」のジレンマ

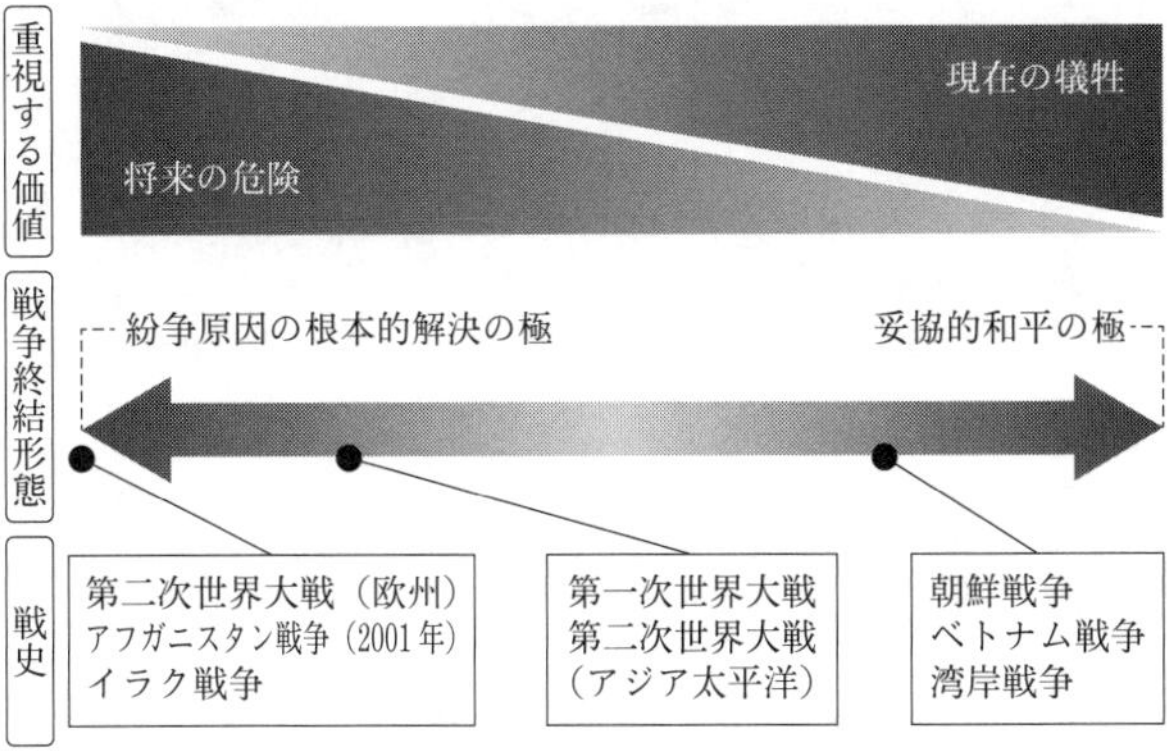

は考えた。たとえドイツとの間で「妥協的和平」が得られようとも、ドイツに休息時間を与えるだけだろうと、一九四三年、連合国側のフランクリン・ルーズベルト米大統領が無条件降伏政策を掲げます。

追い詰められたナチスドイツは一九四四年末から四五年にかけて、ソ連、西側諸国との「妥協的和平」を求めたものの、連合国側の「紛争原因の根本的解決」を求める決意は揺るがず、ヤルタ会談でそうした立場を再確認します。その後、ソ連による進軍で首都ベルリンが陥落し、ヒトラーも自殺して主権国家ドイツが消滅することになりました。

あるいは二〇〇一年の九・一一後のアフガニスタン戦争では、アメリカはタリバン政権を打倒してカブール陥落まで追い込みました。これは九・一一のテロの衝撃が非常に大きく、しっかり対処しなければテロ行為が再び繰り返されると考えたからです。「将来の危険」を排除するために、アルカイダを匿っているタリバンの打倒が必要だと判断したわけですね。

さらにイラクが大量破壊兵器を持っているとして、「将来の危険」を除去しなければならないとアメリカが始めた二〇〇三年のイラク戦争は、相手を徹底的に叩きのめしてフセイン体制を潰すところまで進んだケースです。

第二次世界大戦の際には主語が連合国ですし、二〇〇一年の九・一一以降の戦争も基本的にはアメリカが主語ですから、優勢勢力側が相手を叩き潰す、「紛争原因の根本的解決」の極を追求すると決めてしまえば、劣勢勢力側の打つ手は限られ、いくら頑張っても太刀打ちなどできませんでした。しかし、戦力の拮抗したウクライナ戦争の現状を見ると、「紛争原因の根本的解決」を目指して戦争を始めたはずのロシアにとって、その実現はきわめて難しく、それゆえプーチン大統領は追い詰められていると考えられます。

ロシアは「妥協的和平」へ向かうのか

千々和　ここで「紛争原因の根本的解決」と「妥協的和平」のジレンマの図（前ペー

ジ）を見てみましょう。「将来の危険」と「現在の犠牲」の間には斜めの線が走っていて、左に行くほどに「将来の危険」の方が大きくなるため、戦いを続けるし、右に行くほど「現在の犠牲」の方が大きくなるので戦争はやめておいたほうがいいということになる。「現在の犠牲」を取って「妥協的和平」に向かった事例としては、例えば朝鮮戦争の終結、ベトナム戦争の終結、湾岸戦争の終結、そして二〇二一年のアメリカのアフガニスタンからの撤退などが挙げられます。

　このうち、たとえば朝鮮戦争は、力が伯仲するなかで「将来の危険」を残したまま休戦したものといえます。

小泉　アメリカがアフガニスタンから撤退した際、ロシアの新聞が嬉しそうだったのを思い出します。「俺たちが十年苦しんだアフガニスタンでアメリカは二十年苦しんだ挙句、結局戦争の目的を達成できずに逃げたのか」と。

　それはともかく、圧倒的に勝てると思って始めたものの、結局のところ、あまりにも損害が大きくなり、撤退を余儀なくされた。でも、自分たちの国家がダメージを受けるわけではない。二十世紀の戦争の多くに関与しながら、どの戦争に負けてもアメリカという国自体はピンピンしていたわけで、アメリカにはこのスペクトラムで「紛争原因の根本的解決」の極を追求できるだけの体力があったわけです。

一方で、今回の戦争に関するロシアのコスト計算は、それとは逆の「妥協的和平」に傾きがちな気がします。勝てると思ったのに簡単に勝つことはできない。ウクライナもまだ激しい戦争を続けることができていて、このままでいくと、ロシア兵の犠牲がかなり増えることが考えられるわけです。しかしロシアとしてはその事態は避けたい。国民からの支持こそがプーチンの権力の源泉なので、国民の厭戦気分が高まったり、あるいは息子たちの命をどうしてくれるのかといった犠牲の話をされたくないのだと思います。だから総動員もかけない[2]。

そんなわけで、このままでいくと、何となくプーチンが「妥協的和平」を選んでもおかしくない気もする。一方で、先ほど申し上げた通り、おそらくプーチンの野望自体はものすごく大きいので、そことの兼ね合いが問題になるでしょう。

プーチンの損害受忍限度

小泉　これはプーチンの世界観のような定性的なものにも依存すると思うのですが、過去の戦争の終わり方において、独裁者が非常に壮大な野望を掲げて始めてみたものの犠牲が思った以上に大きく、野望と犠牲を天秤にかけて、国内的な自分の面子が多少潰れることは承知で、「妥協的和平」を選んだ事例はあるのでしょうか。

千々和　例えば先ほどの朝鮮戦争は北朝鮮側主導で始めたわけですが、結局、中国に助けてもらいながらも、朝鮮半島を北主導で統一するという当初の野望は達成できず、最終的には北朝鮮が小さなアクターになり、中国主導の戦争になっていった。しかし、中国もやはりアメリカを駆逐できないとなったとき、妥協せざるを得なかったということがありました。

小泉　中国は、どのぐらいまで自分たちの損害を出せるかという損害受忍限度に関しては、わりと大きかったわけですね。中国共産党政権下で軍隊の規模も大きいし、人間の命も安いわけで。

一方で今回の戦争においてロシアは政府が社会とか軍をがっちりと抑えているのでしょうが、意外とプーチンの損害受忍限度は小さい気がするんですね。世論を気にする独裁者なので、朝鮮戦争の際の金日成よりもずっと損害受忍限度は低いのではないか、と。対してウクライナの損害受忍限度は大きい。相当の犠牲を出しているし、現にそれに対して、「もうたくさんだ、とにかく戦争をやめてくれ」といった声も多くある一方で、それを圧倒的に上回る支持があるのも事実でしょう。これは当初の予想の逆を行っていますよね。

そして気がかりなのは、今のロシアは戦争が長期化して第一次世界大戦のような雰囲気になりつつあることです。ロシア帝国の総力戦の失敗が帝国の崩壊を招いたとは歴史研究でもよく言われることですが、プーチンもまさにそのような事態を恐れている気がしてなりません。

プーチンが開戦当初、「特別軍事作戦」という言葉にこだわったのも、「この戦争は、あくまでも職業軍人の人たちがやっているものだから、皆さんの生活はこれまで通りで大丈夫だ」と強調するためで、国民からの支持を失っては権力が持たないことにはきわめて自覚的なのでしょう。さらに気になるのが相次ぐ富豪たちの死です。特に、ガスプロムとルクオイルという大手の民間石油会社周りで妙に人間が死んでいる。これはまさにプーチンの戦争にＮＯを突きつける経済界への脅しと考えられるわけで、こういったことからもプーチンの損害受忍限度の低さを思わされます。

千々和　別の視点で言うと、プーチンに代わる権力の可能性がなければ、「妥協的和平」も難しいでしょう。例えば第二次世界大戦中のイタリアが降伏に至る過程では、ムッソリーニが引きずり降ろされ、バドリオ政権が発足し、休戦協定が結ばれました。当時は独裁者のムッソリーニ以外に国王（ヴィットリオ・エマヌエレ三世）という権威の源泉があったので、国王と軍部が結託してムッソリーニを引きずり降ろすことができたのです。しかし、今回、プーチンを引きずり降ろす動きがあったとしても、プーチンに代わる権力の源泉はなかなか見出しづらい気がします。

小泉　戦争が始まって以降、何かしらクーデタ説などが流れてくることもあるわけですが、そのストーリーの中でプーチンの後継者に擬せられているのは、安全保障会議書記のパトルシェフとかＦＳＢ（ロシア連邦保安局）長官のボルトニコフなど、要するにみんな元ＫＧＢ（ソ連国家保安委員会）の仲間たちなんですよね。彼らにしか現実的にプーチンの権力を継承できないとしたら、今の戦争を仮に収められたところで、結局今の権威主義的な、何をするかわからないロシアは続いてしまう。それでは「将来の危険」が除去されないわけで、実はプーチンの権力が崩壊するのはそれほど良い未来ではないのだろうと思います。

ロシアのジレンマ、誤算

千々和　毛沢東は朝鮮戦争の際に、「中国に関しては、帝国主義者が戦争をけしかけたら三億人以上の人民が失われるだろう。それがどうしたというのだ。戦争は戦争だ。年月が経ち、前よりも多くの赤ん坊が生まれるだろう」と言っているわけですが、プーチンが同じことを発言したとしてもロシア国民はついていかないと思います。

そこで、ロシアは権威主義的な体制ですから、いろいろ強権的にコントロールして犠牲を隠蔽しようとするでしょう。傭兵を連れてくるとか、占領地で徴兵をする形をとる。加えて、先ほど小泉先生がおっしゃった通り、ロシアは大規模な動員に踏み出せないでいます。ウクライナによるＮＡＴＯへの加盟申請が実際にあったわけでもないのに、(3) プーチン大統領の主観の中では、その「将来の危険」が大きいからウクライナを制圧しなければならないなどとして戦争へ突き進んだ。しかし、当初予想したように二〇一四年のクリミア併合の時のような少ない犠牲での目的達成が難しい状況で、ジレンマに喘いでいる気がします。

小泉　『プーチン、自らを語る』という、プーチンが大統領になる直前に答えたインタビューをまとめた本の中で、「なぜＫＧＢに入ろうと思ったのですか」というジャーナリストからの問いかけに、プーチンは「俺は実はスパイ映画ファンだった」と語っています。ソ連のＫＧＢの諜報員が活躍する映画『盾と剣』を見て非常にしびれた、と。

たった一人のスパイが百万人の軍隊でもできないナチス転覆をやってのけるストーリーで、「一人のスパイが人々を運命づけていく姿に感銘を受けた」というわけです。プーチンの頭の中では、総力戦で相手を叩き潰すより、さっと裏から手を回して相手を崩壊させる戦いのほうがかっこいいんですよ。二〇一四年のクリミア併合のときはまさにそれが鮮やかにできた。実際、その際にプーチンは「本当に我々がこれをやったのか」と驚嘆したらしい。

　彼が子供の頃から夢に思い描いていた、諜報という非軍事手段を使って相手国を混乱させ、電光石火の速さで軍隊が占領するという鮮やかな作戦を、自分の知性においてやり遂げた成功は、アドレナリンがドバドバ出るようなすごい体験だったと思うんですよね。

　最近、ウクライナ戦争に関する特集記事を連続で出している「ワシントンポスト」の記事によれば、昔のＫＧＢであるＦＳＢの中には、旧ソ連の国々に干渉することを主な任務にしている局があったそうです。今回の戦争においても、それに該当する局の人物をウクライナ現地に送り込むとか、ウクライナ保安庁や検察庁の中にスパイや協力者を多く確保していたらしい。つまり、ロシア軍が攻めてきたら現地は無条件降伏するように手はずを整えていたわけです。

千々和　南部の今まさに戦場になっているヘルソンとかザポリージャ、ハルキウの東の方が結構迅速に簡単に占拠できたのは、おそらくそうした工作の成果なのでしょう。ただ、首都キーウに関してはうまくいかず、ゼレンスキーも逃げ出さなかった。ゼレンスキー政権が第二次世界大戦時のフランスの亡命政権のようになると思ったのでしょうが、ゼレンスキーがキャラクター的にそうはしなかったところがプーチンにとって大誤算だったんでしょうね。

ウクライナにとって大きな「将来の危険」

千々和　ウクライナ側から見ると、ロシアによる「将来の危険」は非常に大きいわけです。特にブチャの虐殺の後では、「現在の犠牲」を避けるために武器を置いては、後でまたとんでもないことになってしまうと予想される。あるいは、停戦をすれば目先の「現在の犠牲」は回避できるかもしれないけれども、国家としての中核部分が崩されかねないため、やはり停戦はできないということだと思います。

　最近、ウクライナを支援している国々を「正義派」と「和平派」に色分けすることが流行っていますよね。ポーランドやバルト三国、イギリスといった「ロシアに代償を払わせ、ウクライナが国土を取り戻すべき」と考えるのが「正義派」で、フランスとかイタリア、ドイツといった「早期に戦闘を停止し、交渉を始めるべき」と考えるのが「和平派」なんて言われるんですが、この分類には違和感を持っています。戦闘の長期化は望ましくない、だからウクライナは正義の追求を曲げて和平を追求すべきだという議論になりかねないからです。

しかし、ウクライナは正義のためというよりも、脅かされている命や暮らしを守るために武器を取って戦わざるを得ないのであって、「正義派」か「和平派」かよりも、むしろ「将来の危険」を除去するために「現在の犠牲」を払わなければいけないのか、それとも「現在の犠牲」を回避するために「将来の危険」と共存していかなければいけないのか、と捉えるべきではないでしょうか。現実には、そのどちらを選ぶのも厳しい中で、ウクライナは「将来の危険」が大きすぎるから抵抗を選んでいると考えるべきだと思います。

小泉　全くそう思いますね。日本でもこの「正義派」と「和平派」とされる論争はあるわけですよね。正義を追求して犠牲を増やしては仕方がないという議論には多く接しましたし、実際テレビ番組でもそのような問いかけがありました。私もその議論に部分的に参加しているわけですが、「和平派」の人たちは、自分たちは現実主義者であるという認識のもと、まず現に戦闘が続くと犠牲が増えてしまうのではないか、そして最終的にプーチンが核を使うかもしれない、主にこの二点を強調すると思います。

しかし、停戦しても住民の犠牲は減るわけではありません。爆弾とかロケット弾の巻き添えを食らって死ぬ人は減るかもしれませんが、例えばブチャの大虐殺ではまさに占領された後に人々が拷問されて殺され、あるいは集団で性的暴行を受ける惨事が起きたわけですし、そうした状況は何もブチャに限らないわけです。ロシア軍が非常に品行方正で、占領統治をものすごく丁寧にやる連中なのであればまた話は違うのかもしれませんが、少なくとも現在のロシア軍の振る舞いを見ていると、手を挙げたら平和な日常が帰ってくるとは到底思われません。

事態がエスカレートして核使用に至る大惨事を防ぐために、即刻戦争をやめさせるべきとの議論もよくわかります。しかし、この話を敷衍《ふえん》していくと、核大国が核の脅しのもとに乱暴なことを始めたら、人類は一切抵抗してはいけないということになりかねない。現にプーチンは戦争が始まる前から核の脅しを繰り返していますが、実際には核を使えてないわけで、西側の核抑止が効いている事実も認めなければいけません。そうであれば、プーチンが核使用に訴える差し迫った兆候が見られない限りは、私はウクライナの人々の抵抗を支援してあげる道義的な義務があると思うんですよね。

ウクライナの抵抗自体は、「現在の犠牲」と「将来の危険」の両方を勘案した上でのものなのかもしれませんが、なぜ私たちが支援するかというと、それは道義的な責任に他ならない。その意味では我々は「正義派」なのかもしれません。

「出口戦略」の失敗

千々和　今の小泉先生のお話を伺って思うのは、日本にとっては「戦争終結」があまりに特殊な経験だったのではないかということです。戦後、アメリカによる占領がある意味で「寛大」であったことから、降伏という経験がその後もたらす状況について、むしろイメージが平和寄りの一面的なものになった可能性があります。

つまり、おそらく多くの日本人が持ったのは「戦争終結の失敗」という感覚ではなかったわけです。戦争を始めてしまったこと自体が失敗なので、戦争を避けるためにどうすればよかったのかを戦後、日本人は重い課題として考え続けてきたわけですが、同時に「戦争終結の失敗」でもあったことは忘れてはいけない。それはまさしく「出口戦略」の失敗です。

一九四一年十一月、大本営が作成した「対米英蘭蔣戦争終末促進に関する腹案」に書かれていたのは、戦争の「出口戦略」でした。しかしそれは、同盟国ドイツの勝利を前提にイギリスが負け、それによるアメリカの戦意喪失によって、日本はアメリカとの戦争を引き分けに持ち込めるという、杜撰な、希望的観測を積み重ねたものに過ぎなかった。

また一九四三年にスターリングラードの戦いでドイツが敗れ、ソ連軍の反攻が始まると、ドイツ・ソ連間の和平に希望をつなごうとしたわけです。実際にその通りにはいかないとわかると、次はソ連の仲介という「幻想の外交」に飛びついた。しかし、肝心のソ連は仲介する気などもちろんなく、ヤルタ密約で日本の領土を分捕ろうと考えていた。日本はそれを読み切れずに、最終的にソ連の参戦を招いてしまうわけです。

あの戦争は、そうした「出口戦略」の失敗だったという反省が、どうすれば戦争を避けられたのかという反省に比べて不十分だったのではないでしょうか。

小泉　日本人は「プランB」を考えるのが苦手だから、ドイツが負けるシナリオを考えることができなかった。そして、どうやら今回のロシアも同じに見えるわけです。ゼレンスキー政権が持ちこたえ、ウクライナが瓦解しないシナリオをあまり真面目に考えた形跡がうかがわれないんですね。

よく言われるように、「戦争は始めるのは簡単だけれども終わらせるのは難しい」。希望的観測に基づいて軍隊に命令を出せば戦争を始めることはできるけれども、実際に失敗した場合のシナリオを、人間はなかなか考えられないのでしょう。

戦争ナラティブの問題

小泉　戦略研究者のローレンス・フリードマンに、『戦争の未来』という本があります。これは、過去の時点において将来の戦争がどう想定されていたかを考察した本で、具体的には十九世紀以降のヨーロッパの戦略家や政治家が何を考えていたかが書かれているのですが、面白いのは、結局将来戦のビジョンは簡単に勝てる戦争の話になりがちである、という指摘です。

つまり、新兵器とか革新的な戦術を使って、「こうすれば勝てる」という話は誰もがしたがるのに、戦争が泥沼になった場合の話は避けがちである、と。それは日本だけでなくロシアもそうであったと思いますし、先ほど千々和先生が提起された太平洋戦争時の日本の戦争終結経験の特殊性といいますか、さっさと戦争を止めれば、すぐに我々は平和な日常に戻れるはずだという思い込みの話にもつながります。

でもこれは、我々の戦争の語り方に問題があったのだと思います。例えば、沖縄は一九七二年まで本土に復帰もできず、米軍の占領下に置かれて、そこで今でも終わらない米兵の性的暴行をはじめとした犯罪を経験し、街の真ん中に基地が横たわっていることに対する現地の人々の複雑な感情は、ずっと残り続けているわけです。

私は北方領土にも過去二回ほど行っているのですが、北方領土においても実は戦後一年ぐらいロシア人と日本人と混住していた時期があり、占領軍として入ってきたソ連軍から強要された様々な負の経験がある。満州国崩壊後の日本人が辿った運命を考えてみても、実は我々も手を挙げれば、すぐに日常が戻ってくるわけではないと知っているはずです。しかし、大多数の本土の人間の目線からしか戦争終結が語られてこなかったわけで、これは我々自身の戦争ナラティブの問題でもあるわけです。

日本の安全保障をどう考えるか

小泉　ちなみに先ほど、千々和先生がおっしゃったように、私も核抑止は実際に効くのだと思います。結局、大国間の相互核抑止のもとでは大国間戦争に至らないと、ある程度みんながわかっているために、ウクライナではほぼ持てる通常戦力を全部使って遠慮なく殴り合いができているという、まさに「安定と不安定のパラドックス」があります。これはノーベル経済学賞を受賞したトーマス・シェリングが一九六〇年代に説いた非常に古典的なパラドックスの現実化に思われるわけですが、すると台湾有事とか、日本有事でもそっくり同じようなことが起きるような気がします。

具体的には中国がかなりの核戦力を持っていて、二〇三〇年までに千発まで増えるのではないかとの予測をアメリカの国防総省が出していますね（註：その後、「二〇三五年までに千五百発」という新たな見積りが出された）。ウクライナの戦争から見て、日本自身の安全保障についてどう思われますか。

千々和　例えば台湾有事やそこから派生する日本有事について考えてみると、アメリカはウクライナとは違って日本に対して条約上の防衛義務があるわけですから、日本とウクライナを重ねて考えることはできないですし、一概に東アジアの状況とウクライナの状況を同列に語ることはできないでしょう。ただ、ウクライナに対する核の脅しを見たときに、結局プーチンがＮＡＴＯ加盟諸国のどこにも一発の銃弾も撃たないことに着目すると、ある程度抑止が効いている、逆に言うと核の脅し合いが成立していると見ることができるわけです。

先ほど小泉先生からもご指摘がありました通り、ロシアは当初、さっさとゼレンスキー政権を倒してウクライナを手元に収めてしまうシナリオを考えていたのでしょう。それだけに「大量破壊兵器を使えばNATOが対応する」というNATO側の発言も、プーチン大統領としては決して面白い話ではなかったと思います。

中国としてもアメリカと脅し合いになる状況は避けたい。そのために、台湾有事においては、中国は台湾をさっと落としてしまうことを考えるでしょう。ですから、そう簡単にはいかないと日米側が中国にわからせるのが先決であって、核の問題はその次に出てくる話のような気はしています。最近日本では核シェアリングの話になりがちですが、まずは中国がアメリカとの核の脅し合いを嫌がるだろうという前提に立って、もっと打つべき手がいろいろあるのではないかと。

小泉　私も台湾有事が起きた際に、日本自体がウクライナのようになるとは思っていません。どちらかというと今回の戦争におけるポーランドのような役回りになる気がします。自国領を通して台湾に軍事援助をさせる、あるいはアメリカの台湾防衛作戦を支援するために日本領からアメリカの軍用機がバンバン飛び立っていく事態を、日本が中国から脅しを受けながらも続ける覚悟を持てるかどうかですよね。そしてポーランドの場合はウクライナ軍人の訓練を自国領内で引き受けて訓練して送り出しているわけですが、同様の役割を日本が引き受ける必要があるかどうかは別として、現実的な可能性はかなり低いと言わざるを得ないでしょう。

台湾有事のシナリオはおっしゃる通りで、中国は別にアメリカとガチンコの大喧嘩してまで戦争する必要はないわけですよね。彼らは台湾を自然に自分たちの支配下に収めるために、選挙に干渉するような現実的な策をまず視野に入れる気がします。ロシアはそれができないから、戦争という手段に及ばざるを得なかったのではないか。その意味でも、確かに東アジアの状況は今回の戦争とはまた違うのかなとは思います。

ちなみに核シェアリングに関しては、僕は結構否定的ですが、それはアメリカの拡大抑止が信用できない状況で核弾頭だけ貸してくれる状況は想像がつかないからです。議論としてそもそも筋がよくない。ただ、同時に核抑止は依然として効いていて、究極的な破滅の恐れを惹起することによって一定程度ロシアの介入を手控えさせている。それに中国もわざわざ核を使うとか、核部隊の大演習をやるなどと喧伝しなくても、核を持っているのは周知の事実なわけで、そうであれば、まずは選挙や内政干渉といった手段に訴えるのではないか。その際に我々に何ができるのか。それは今から「頭の体操」として考えておかなければならないと思います。

東アジア情勢とも無関係ではいられない

千々和　日本が戦後重視してきたのは、アメリカの戦争にどうやったら巻き込まれないで済むかということです。日米安保条約には、日本有事の際には在日米軍を使用できると同時に、極東有事においても在日米軍基地を使用できると定めた極東条項があるのですが、これによって日本がアメリカの戦争に巻き込まれかねないとこれまでも嫌がられてきた経緯があります。

一九五九年に砂川事件の第一審判決である伊達判決において、日米安保条約は違憲であると判断されました。その理由の一つが極東条項でした。この判決は最高裁で破棄されるのですが、結局一九六〇年の安保改定の際に事前協議制度が作られることになりました。在日米軍基地から直接戦闘作戦行動をとる場合には、アメリカと日本政府の事前協議の対象になったのですが、これは日本とは関係ない極東有事におけるアメリカの勝手な行動を縛るところに話の主眼があった。しかし、それにはもう無理がきているのだと思います。

たとえば、実は朝鮮半島有事はその例外で、事前協議制度の適用除外とする密約の存在がわかっています。その事実が認められたのは二〇一〇年のことですが、この朝鮮密約の存在が示しているように、日本の安全保障と朝鮮半島の安全保障とは密接な関係がありますし、台湾ももちろんそうだという感覚を持たないといけない。「日本の安全と日本以外の地域との安全は別物である」と線を引く感覚を乗り越えなければならない時期に来ていると感じます。

それから二〇一五年に平和安全法制が成立したことで、それまでの個別的自衛権「の行使」は合憲だけれど集団的自衛権「の行使」は違憲であるという政府解釈が変わり、集団的自衛権の行使も限定的に可能になりました。それは大きな変化だと言われる一方で、憲法解釈の基本的な部分は変わっていません。

たとえば重要影響事態で米軍、あるいは他国の軍隊を自衛隊が後方支援するときには、現に戦闘行為が行われている現場以外でなければいけないとの縛りがあるわけです。イラク戦争の際にも「非戦闘地域」という言葉が出てきた。しかし、そうやって線引きをする感覚を乗り越えて、地域と日本の繋がりを考えていく必要がある気がします。

小泉　こちらから秩序を作りに行くという発想ですよね。私は日本が戦前にやった侵略戦争を基本的に否定的に考えています。しかし、結果として戦後の日本は、我々が妙なことをしなければ平和である、我々が世界に関わっていかないようにしていれば、概ねアジアは平和であるという建付けの中で生きてきた気がします。

そして自分たちが破滅的な目に遭った、あるいはアジアの人々にひどいことをしてしまったという反省の思いがあってできた憲法九条だと思うので、その精神自体を否定したくありません。一方で、いまその精神にのっとって我々が何もしないでいれば、アジアが平和でいられるかというと、明らかにそういう状況ではないわけですね。

軍事的合理性と政治的理念の狭間で、私も安全保障についてはこれまで悩みながら話をしてきたのですが、我々がかつてやったようなことを他の国にもさせないようにするために、安全保障については発想を転換してもいいのではないか。それが千々和先生のおっしゃる「乗り越える」ということなのかなとお話を伺いました。

ウクライナ戦争の終わらせ方

小泉　最後に千々和先生は、今回の戦争の終わり方をどのように考えていらっしゃいますか。
千々和　先ほどの理屈でいくと、一つはロシアがゼレンスキー政権を打倒してしまうパターンですが、これは今はあり得ません。一方で反対側のロシアにとっての「妥協的和平」とはウクライナから完全に撤退することですが、これも現実的には考えにくいので、おそらくその中間のどこかなんですよね。

　ウクライナとしては二月二十四日の段階に戻したいと考えているはずですが、具体的にはどこまでのラインを考えているのか、そして戦後のウクライナの安全保障をどうするのか、その二つの条件を軸に、具体的な形を考えなければいけないでしょう。とはいえ、これは結局交渉では答えが出ない。やはりウクライナが力でロシアを押し返すしかないのではないかと思います。

　先日、平和構築論の第一人者である篠田英朗先生と具体的な和平合意のシナリオをめぐって対談した際に、篠田先生からいくつかの道筋をお話しいただきました。例えば何らかの特別区なり、自治的な地区を設ける、あるいは国際機関の管理下に置くというものです。実際に、東部や南部の一部の地域については、そういった可能性があると思うのですが、ウクライナがロシア軍を追い出さないことには難しい。他国の軍隊を入れるにしても、ロシアが受け入れるとは思えないので、やはりロシア軍を追い出すことが前提にならざるを得ない気がしますね。

小泉　今おっしゃった、特別区にする、あるいは国際機関の管理下に置くという話は、二〇一四〜一五年のウクライナ東部のドンバス戦争の停戦合意である第一次ミンスク合意、第二次ミンスク合意の中身とほぼ同じですね。でも結局それが実現しなかったのは、ウクライナ東部からロシア軍が出ていかなかったからです。となると、結局どんな合意案を作ったところで、ロシア軍を追い出すまでは合意案さえ履行できないことになる。

むしろロシアは、今回の戦争に関して第二次ミンスク合意を履行してないのはウクライナの方だと盛んに言ったわけです。あるいはそれを実行する順序を組み替えた「シュタインマイヤー方式」（ウクライナ東部でウクライナ法に基づく公正な普通選挙を行い、欧州安全保障協力機構〔OSCE〕の選挙監視団がこれを承認する代わりに、ドンバスに自治権を認めるというもの）という、ドイツのシュタインマイヤー大統領が外相時代に提案した案を、ウクライナも決して全否定したわけではないにせよ、より早く実行せよといってロシアが戦争を始めてしまった。

すると、やはりウクライナからロシア軍を現実に追い出すことと、ロシアの破滅的な行動の抑止をセットにしないと、この戦争は終われないだろうと思います。話し合いで戦場の状況を変えられるという期待は残念ながら持てず、戦場の状況を合意内容に反映させるという考え方が必要不可欠でしょう。

千々和　停戦協議が始まったとしてもそれで戦争はすぐに終わるわけではありません。朝鮮戦争にしても、一九五一年の段階で停戦協議は始まっていながら、実際の停戦までさらに二年かかりましたし、ベトナム戦争終結の際もパリ会談が始まって、パリ協定が結ばれるまでに五年ぐらいかかっている。つまり、停戦協議のようなものが始まったとしても、それもあくまで戦争の一部だと認識しなければならないと思います。

小泉　千々和先生のご著書を読んで面白かったのは、結局第一次大戦も第二次大戦も割と早い段階から停戦に向けた接触をしていたということです。しかし、戦況が決定的な影響力を持っているので、やはりそちらが動かないことにはなかなか国家戦争は簡単に終わらない。それが厳しい現実なのでしょう。

註

（1）二〇二二年九月十日、ハルキウ州で大規模な軍事攻勢を展開したことを受け、ロシア軍がイジュームから撤退した。

（2）二〇二二年九月二十一日、プーチン大統領は最大三十万人の予備兵を招集するとの部分動員を発表した。

（3）対談後の二〇二二年九月三十日、ウクライナはＮＡＴＯに加盟申請。

Ⅱ

プーチンと習近平の急所はどこにあるのか？

×熊倉　潤

二〇一〇年代を通じて強まった中国とロシアの権威主義体制。
プーチンと習近平。それぞれに急所はあるのか。
長期化するロシア・ウクライナ戦争は
プーチン政権に打撃を与えるのか。
二つの権威主義体制の比較を通して、その未来を考える。

（2023年2月20日）

熊倉潤（くまくら・じゅん）
1986年茨城県生まれ。法政大学教授。東京大学文学部卒業。同大学大学院法学政治学研究科博士課程修了。博士（法学）。アメリカ、ロシア、中国、台湾にて在外研究後、アジア経済研究所研究員を経て2021年より法政大学。著書に『民族自決と民族団結』（東京大学出版会）、『新疆ウイグル自治区』（中公新書、樫山純三賞受賞）。

プーチンと習近平、指導者像の違い

小泉　はじめにお話ししたいのが、独裁国家と言えば、当然のように中露がその代表格とされることが多くなったことについてです。というのも、私の十年前の感触は大分違いました。ロシアで言えば、二〇一二年にプーチンが首相から大統領に復帰した頃でさえ、権威主義的な指導者ではあるものの、中国に比べればまだ社会に自由があると考えていました。ましてや北朝鮮とは全然違うと、ロシア人もそう説明していました。中露の両方を研究しておられる熊倉先生はどう思いますか。

熊倉　私も同じ認識です。ロシアにおける権威主義化、独裁の強化が進んだのは二〇一〇年代になってからだと見ています。ＳＮＳをはじめとしたインターネットへの規制が強まり、かつて見られたものが見られなくなったり、言えたことが言えなくなったりしていきました。中国も同様で、一〇年代を通して、言論統制の強化や、様々な自由の範囲が縮小していったと思いますね。この傾向は一〇年代を通じてパラレルに、インタラクティブな形で進んでいったのではないかと考えています。

小泉　それはなぜでしょうか。ロシアの場合は分かりやすいんです。プーチンが大統領に復帰する前年の十二月に、ロシアで下院の不正選挙に抗議する大規模なデモがあって、政治学者のマイケル・マクフォールが言っているように、プーチンはこれを、当時のアメリカ大統領オバマが自分の再選を阻止するために企てた陰謀と見ていました。しかもその前に旧ソ連諸国でカラー革命[1]があり、ロシアでのデモとほぼ同時期には「アラブの春」[2]も起こりました。アメリカが「見えない戦争」によってプーチンの権力や、ロシアの地政学的利益を掣肘《せいちゅう》しようとしているという認識を、プーチンと元KGB（ソ連国家保安委員会）の仲間たちが持ってしまった。その結果、一〇年代に締めつけがどんどん強まっていった。

　中国の場合、習近平は権力の座に就いた当初から統制強化の方向に突っ走っていったんですか？

熊倉　共産党総書記になった一二年頃の習近平の方向性はまだはっきりしていませんでした。派閥間の妥協の結果その地位に就いたようなところがありましたし、習近平が強力な独裁者になることは、はじめから確定していたことではありませんでした。

　習近平が一〇年代半ばから権威主義化に走り始めたのは、ロシアと同様に他国の民主化の波が自国にも及ぶことを警戒したという対外的な理由があると思います。それに加えて、前任の胡錦濤時代にうまくいかなかった改革を推し進めるには、強力な指導者が必要だと考えた対内的な理由もあったと思います。当時は集団指導体制から権限を個人に集中させることを求める声もあり、それを実行したのではないでしょうか。

ただ、習近平は今も基本的に官僚組織のトップにいて、その組織を体現するような形で動いているように見えます。彼の個人的な思いが見えにくいからこそ、習近平体制についていろいろな議論があるのだと思います。

そうした評判を意識してか、習近平は毛沢東の再来を演じるようになったところがあります。一〇年代、反腐敗闘争の過程で多くの共産党幹部を汚職を理由に失脚させ、権威を確立しました。毛沢東時代の「整風運動」[3]を模倣して、最高指導者にとって都合の悪い人間を排除したとも言えます。しかし、毛沢東と決定的に違うのは、肉声が聞こえてこないことです。毛沢東であれば『毛沢東語録』があります。習近平にも『習近平 国政運営を語る』という本がありますけれど、それもやはり官僚機構がつくり出した言葉なんですよね。

小泉　そこが確かにプーチンとは対照的です。習近平はいつ見ても表情に感情が全く表れず、ある意味で中国的な偉人っぽさがある。一方でプーチンは、上半身裸でマッチョアピールをして、その俺がこう考えると訴える（笑）。「国民対話」や「大記者会見」で国民や記者と直接何時間も話し続けて国民にアピールします。間違いなく、ウラジーミル・プーチンという男が国を動かしていることが分かります。けれど、習近平は極めてヴァーチャルな感じです。確かに二人とも権威主義的リーダーではあるけれど、そういうフィジカル感が全く異なりますね。

ただ、新型コロナの感染が拡大してから、プーチンもあまり表に出てこなくなって、いかにもロシアの凋落を象徴している気もします。

熊倉　おっしゃるとおりだと思います。

統治機構の流動性の違い

小泉　ロシアと中国を比べると、中国は共産党独裁国家とはいえ、原則として国家主席を二期務めたら引退していく政権交代の安定的な仕組みがあるところが、権威主義国家でありながらうまく近代国家としての体裁を維持できていた理由ではないでしょうか。

プーチンも来年、大統領選挙を控えていて、通算五期目に入ることが予想されています。ただ、戒厳令を出して、選挙をしない可能性も排除はできません。今、ウクライナがまさに戒厳令を出していて、来年の大統領選を行わないことがほぼ確定しています。ゼレンスキーの場合は、さすがに戦争が終われば選挙を再開する気はあると思いますが、プーチンの場合、彼が死ぬまで戒厳令は解除されない気がします。

また、元々プーチンの国家指導者としてのアイデンティティが、非常時に立法・司法・行政の三権を軍部にゆだね、それを指揮する戒厳司令官なのではないかという気がしてならないんです。一九九〇年代にソ連崩壊によって滅茶苦茶になってしまったロシア社会を立て直すためには強大な権力が必要で、プーチンは「自分がやらなければ誰がやる」といった気持ちで、ロシアのためにと思ってやってきた。しかし戒厳司令官として権力をふるい過ぎて、怖くてやめられない状態になってしまっているのが今のプーチンであり、ロシアの状況だと思っています。

対して習近平は、今回三期目を務めないで引退することもできた気がするんですが、慣行を壊してまで続投を決めたのはなぜでしょう?

熊倉　なぜそうしたのか私にはよく分かりませんが、自らの地位を守るために、後継者が現れないようにしたと言われています。それで思い起こされるのが、昨年のカザフスタンの政変です。この一件は権威主義国家の権力移譲の難しさを思い知らせるものでした。もちろん習近平の三期目続投はもっと前に決定的になっていたので、その決定に影響を与えたわけではありませんが、あれでますます習近平はやめられなくなったのかなと思います。

小泉　私も同じことを考えていました。カザフスタンでは、大統領を約三十年務めていたナザルバエフが、二〇一九年に大統領を退きエルバス（国家指導者）の称号を得て実質的な院政を行っていました。しかし、燃料価格高騰に対する抗議デモへのどさくさで現大統領のトカエフが実質的なクーデタを起こしたことにより失脚し、衝撃が広がりました。

私はナザルバエフが引退を表明した時に、これはプーチンにとっていいロールモデルができたと思ったんです。ナザルバエフを見習ってプーチンも院政をしくのではないかと考えましたし、翌二〇年にプーチンが憲法を改正すると発言した時は、いよいよその方向に向かうのかと思いました。しかし現実の憲法改正ではプーチンの五選目を可能とする条項が盛り込まれましたし、ナザルバエフの一件を見たら院政という選択肢はありえないと考えたでしょう。プーチンは引退したあとどうなるかが怖くて仕方がないから、意図的に後継者をつくらず、誰かに譲る雰囲気すら見せないようにしているのではないかと思っています。

熊倉　後継者問題は独裁体制に常につきまとう問題ですよね。習近平は三期目に入り、もしかすると四期目も務める可能性があります。終身制の罠に陥っている感もある。そうすると、ソ連の最高指導者をブレジネフが十八年間務めたような形になっていくのではないかという議論もあります。ですが、ブレジネフ時代のソ連と習近平時代の中国は統治機構の新陳代謝の点で異なります。

習近平自身は三期目に入っていきますけれど、それ以外の役職に就いていた人物は基本的に入れ替わりました。六十八歳定年制の不文律は、今のところ概ね維持されています。これが今後も維持されるとすれば、トップである習近平は老いてなお権力を維持するとしても、他の幹部の新陳代謝はある程度進むと考えられます。この点は中国共産党のシステマティックなところです。

小泉　ブレジネフの政権メンバーはみんな一緒に老いていきましたからね。ロシアとなった現在でも、いつまでもポストを動かさないのが特徴です。

熊倉　中国はポストの流動性が高いんですよね。共産党の幹部は基本的に異動があります。出身地でずっと幹部をしていると腐敗に繋がるのであえて出身地ではないところに着任させます。その点一つ取ってみても、中露で異なる点は多いです。

異なる二つの権威主義とその基盤

小泉　中露は共に巨大な大陸の多民族国家ですから、それに由来する類似点があるのは確かです。ですが、やはり中国型権威主義とロシア型権威主義は明らかに違うんですよね。

熊倉　単純に選挙のあるなしで権威主義を分類するのももちろん一つの見解ではあります。けれど、それは選挙民主主義がよいものだという発想から来ていて、欧米諸国や自由民主主義は素晴らしいという基準で分類する方法でしかありません。ロシアや中国の固有の文脈から見た場合の捉え方というものもあり得るのではないでしょうか。

小泉　プーチンもあれだけ票を操作しているのに、なぜ選挙にこだわるのか。どうせ票を操作するんだから選挙をしなくてもいいんじゃないかという考え方もできなくはないわけですよね。プーチンは妙に世論を気にしていて、だから形だけであっても選挙は実施します。政治に関して、ロシア人には、よい統治者さえいてくれれば構わないといった感覚と、一言言わなければ我慢できないといった欧米人的な感覚が混じっているように感じています。

熊倉　中国の場合、賢人統治を望む意識が強いです。近現代を通じて農民人口がかなりの割合を占めている中国は、学のある人による政治を求める傾向にあると思います。下手に選挙をして社会に混乱を招くより、偉大な統率者に統治を任せておくべきだという意識がかなり根強く残っているんです。

いくらゼロコロナ政策によって人々の自由が抑えつけられていたとしても、報道で知る限り、農村ではそれほど不満の声が聞こえてきませんでした。昨年起きた「白紙運動[4]（白紙革命)」も都市部に集中しているようです。農村では「党中央の正確なゼロコロナ政策」を支持する人も意外に多かったのではないかと考えています。それでも、ゼロコロナからの転換はあっという間に受け入れました。

民主国家の観点からすると、ゼロコロナからの政策転換のような場合は、時の指導者が責任をとるべきだという見方をしてしまいます。しかし中国では、その転換の責任を問う声が上がることもなく、国民全体の関心が切り替わるわけです。そういうところを見ても、こちらの物差しで測ってはいけないと思います。

ロシアにも似たところがあって、ウクライナ戦争でプーチンがどれだけ軍事的な失敗を重ねたとしてもプーチンを応援する人は確かにいますし、その支持があるからこそプーチン体制が維持されているわけです。

小泉 我々の側には中露に関して、いつかこんな体制が終わってくれなければ怖くて仕方がない、あるいは、こんな体制にみんなが唯々諾々と従っているはずがなく、本当は心の中で強い反感を持ちながら抑えつけられているはずだといった考え方があると思うんです。

ですがプーチンは、ロシア社会の中から出てきた指導者です。週末にダーチャ(別荘)で釣りをして、そのダーチャも自分で丸太を担いでつくっている。あまり笑わず、時々乱暴なこともして、身内にはひたすら甘い……、これは典型的なロシア男です。だからロシアには「こういうおじさんってよくいるよね」と思う人が多くて、プーチンを悪く思わないんですよ。そういう見方をすると、ロシアや中国が、例えば選挙制度や経済の形態が変わるからといって今と根本的に違う国になるとは思えないんです。そうした国民性は非常に強固に根を張ったものではないでしょうか。

中露の物差しで考える

熊倉　「白紙運動」も、中国政府が生活の自由を縛るゼロコロナ政策を放棄すると、運動への支持は持続せず、尻つぼみになりました。生活の自由がある程度確保されれば、政権への抗議も収まるということです。指導者との間に妙な信頼関係みたいなものがあって、中国の人にとって習近平は、中国が生んだ、中国的指導者なのですよね。

小泉　ロシアも中国も、インテリの反体制派以外に動きが広がらないですよね。確かに都市部に住んでいる中産階級以上の中にはプーチン政権に反対している人がいます。しかし、それもあの広いロシアの中では点に過ぎません。私たちが話すロシアや中国の人たちはインテリである場合が多いのですが、そういう人たちをつい標準として見てしまいがちです。週末にダーチャへ行って、そこでどぶろくをつくっているようなロシア人と接してみると、我々の標準で理解したら完全に間違いだなという感覚をいつも持ちますね。プーチンのような指導者を求める土着の意識は根強い。

熊倉　何かしら分析しようとすると、いつもぶち当たる問題なのですけれど、できるだけこちらの物差しだけで考えるのは避けないといけません。

中国の経済成長率の鈍化も話題になっていて、それが習近平の政権運営を脅かすといった議論になっています。確かに経済成長が鈍化すれば、上の世代が得られた社会的な上昇の勢いを次の世代は得られないでしょう。そうすると、政権が吹聴している「中国の夢」がむしろ仇《あだ》になる可能性もあります。ですが、これも私たちはこちらの色眼鏡をかけて見ているだけで、実際には「中国の夢」なんて馬耳東風の人たちが中国社会には多くいて、所詮こんなものだと、低成長の時代を生きていくことになるのではないでしょうか。

小泉　日本のこの数十年がそうだったわけですからね。

熊倉　ただ、日本の場合は農村までかなり発展したあとで低成長時代を迎えました。しかし中国の場合は地方まで経済発展が行き渡らないうちに低成長を迎えることになりますから、不満を抱く人たちがいてもおかしくはありません。そこは習政権にとってリスクです。ですが、これも私たちは色眼鏡をかけて見ている可能性があって、現実には経済発展が遅れている農村部における習近平の支持は、おそらく高いと思います。私もコロナ禍の影響でしばらく中国の農村に行っていないのですが、四年ほど前に農村へ行った時は、農村の住民の習近平への支持あるいは信頼は大変強かった印象があります。そういうことが肌感覚で分かりました。

小泉　農村も相対的に豊かになっているわけですよね。

熊倉　経済成長はそろそろ終わりそうなものの、農村の住民は低成長を受け入れる方向へと変わっていくのではないかと思っています。例えば、貧困撲滅は二〇二〇年までに達成したと政権側は言っています。

しかし実際には、貧困に逆戻りすることを防ぐと言って対応しています。今も貧困があるとは言えないですから、逆戻りさせないと言って貧困撲滅を続けているわけです。農村の人たちに置いてけぼりにされたという感覚を持たせないように、政権側はいろいろと腐心しています。農村こそが権力の源泉ですからね。選挙を実施していないので、誰からどれくらいの支持を得ているか、共産党も分からないわけです。ロシアは選挙で票を操作するかもしれませんが、操作する前の数字は分かるわけで、世論調査的な位置づけで選挙をする意味はあるとも言えます。

体制転換の可能性はあるのか

小泉　今のところ、ロシアの体制が崩れる可能性は低く、急所を見つけるのは難しいというのが正直なところです。ただ、ロシアの場合、少なくとも一九九〇年代には多元性が成立し得たんです。ですから今のプーチン政権のような体制が、唯一不変と言えないことも確かです。今はプーチンを中心にした権威主義的な政権ですが、ロシアは制度的に多党制なので、他にプーチン的な権威主義者が現れて、多元的権威主義体制のようになることは考えられます。

実際、ウクライナはそれに近いんです。ウクライナも個別のアクターを見ると、褒められたものではないことが多い。ですが、あの国はリージョナリズム（地方主義）が極めて強いので、地方ごとにエリートやオリガルヒ（新興財閥）が分散しています。それぞれ自分たちの代表を担いでキーウに人間を送り込み、競合が行われています。おかげで独裁にはならなかった。

ロシアにおいても、サンクトペテルブルク、モスクワなどでその周辺の利益グループごとに連合体が形成されれば、多元的権威主義のような状態もあり得るかもしれません。ただ今のところ、ウクライナ戦争以外でプーチンが引きずり降ろされる可能性はないのではないかと思っています。

熊倉　中国共産党の急所は、やはり農村に不満が拡大することでしょう。農民反乱さえ起こらなければなんとかなると共産党も考えていると思います。それは一九二〇年代から三〇年代の共産党が経験していることですから。都市で労働者を煽動しても全然うまくいかなくて、全部鎮圧される。毛沢東はそれで山に籠もり、農村から革命を成功させます。共産党の成功経験に照らして言えば、共産党を転覆する勢力もまた農村から現れます。都市で不満分子が声を上げたとしても、農村に広がらなければ大したことはないという考えがあるのだと思います。

ただ、もちろん天安門事件の時のように学生が立ち上がったりすれば、それが広がったら大変なので抑え込みます。その背後に外国勢力がいて、学生を煽動していると実際思っているんです。まさに燎原の火の如く、農村に燃え広がった場合は、手がつけられないことになると思います。

小泉　都市と農村のどちらも燃え上がるような可能性はあるのですか？

熊倉　今の中国共産党は、エリート組織になっています。農村から次第に遊離してきている。この十年間の歴史の中で共産党は徐々に変化してきました。毛沢東のような第一世代は、インテリでもありますが農村出身者でもありました。それが巨大な官僚組織に変貌を遂げ、上層部と農民の遊離が進みました。ですから農民の考えが分からず、その不満などに理解が及ばない事態が今後増えていくでしょう。それは一つの大きなリスクですし、共産党も十分自覚していると思います。習近平が支持を集める理由の一つは、彼が若い頃、文化大革命による父親の失脚で地方の農村での生活を強いられ、そこで辛酸をなめた経験があるからです。

鍵となる政軍関係

小泉　体制が転換する際にもう一つポイントとなるのが、軍の動向です。ロシアでは、「なぜ軍隊のクーデタが起こらないのか」というテーマで研究書が多数出るほど、クーデタが起こりません。

熊倉　ロシア軍はあくまでプロフェッショナルな職業集団なんですよね。軍の中にイデオローグがいない。中国軍も共産党の軍隊という位置づけなので、その指導部に逆らうことは考えにくいです。

小泉　今回の戦争で、仮にクーデタが起きてプーチンが排除されたとしても、それはあまり解決にならないと思っているんです。先に触れたように、プーチンはロシア社会の中から出てきた存在ですから、プーチンがいなくなっても今のロシアは変わらないと思います。

プーチン暗殺の可能性もあるでしょう。しかし今、その動きは見えません。プーチンを殺した時、収拾がつかなくなることを避けたいのではないでしょうか。なぜならプーチンがロシアの中で最悪の独裁者なのかどうかは分からないからです。彼を殺しても、もっと酷い人が出てくる可能性があります。

ウクライナへの直接侵攻を強く働きかけたのは、安全保障会議書記のパトルシェフと言われているので、例えばプーチンが死んでパトルシェフが大統領代行になったら、もっと酷い事態に陥るかもしれません。十七世紀の大動乱（スムータ）では内乱でロシア人同士が争い、モスクワの人口が激減した苦い歴史もある。そのトラウマもあるので、プーチンは独裁者であることを周りから渋々認められているという側面もあるんです。

そういった事情もあり、プーチンは事実上、死ぬまで大統領でいるだろうと私は思っているんですが、今回の戦争がどうなるかによって、事態は変化するでしょう。プーチンもこれだけの大戦争をしたことはないですし、これだけのぼろ負けもしたことはありません。それが彼の権力にどう影響するのかは分かりません。

熊倉　ロシアは今回の戦争がブラックスワン（想定外で衝撃が大きい現象）になるかもしれませんね。

権威主義体制の未来

小泉　私はSF小説が好きで、アーサー・C・クラークの古典SFなんかをよく読んでいたのですが、それからすれば二十一世紀の人類はもう少し進歩していたはずで、現状は古臭いなと思っているんです。プーチンが言っているような民族主義的伝統なんかに縛られず、木星くらいまで行っているのが二十一世紀のイメージだったのに、地上で行われていることは相変わらず二十世紀的です。

統治スタイルにしても、二十世紀以降のロシアの指導者で、プーチンより長く務めた人はスターリンの他にいません。スターリンそのものではないにせよ、端々にスターリニズム的なものがにじみ出てくるプーチンが戦争を始めた。歴史ってこんなふうに後戻りしてしまうんだなという感慨を持っています。戻っていこうとする力と進もうとする力が常にせめぎあっているのでしょうけれど、二十一世紀の初頭は、過去に引き戻す力がより強く働いている時代という感じがします。

熊倉　まだ二十世紀の延長戦を戦っている人たちがいるんですよね。その人たちが亡くなるまで、長い二十世紀が続くのでしょう。十代の時に文化大革命の洗礼を受けて人格形成がなされた習近平のような人たちがフィジカル面で限界を迎える頃に、驚くほど時代の動きが加速するのかもしれません。

小泉　二十世紀的なものにがんじがらめになっている連中が退場していき、今のＺ世代と呼ばれているような人たちが社会の主力になった時の変わり方は大きなものになるかもしれないですよね。

熊倉　大抵期待は外れるんですけれどね。ですから、私たちの予想とはまた違う方向に大きく加速してほしいと期待しています。

註

（1）カラー革命　二〇〇〇年頃から旧ソ連諸国で、独裁政権の交代を求めて起こった民主化運動の総称。

（2）アラブの春　二〇一一年初頭から中東・北アフリカ地域で本格化した民主化運動の総称。

（3）整風運動　一九四〇年代を中心に中国共産党が行った反対派粛清運動。

（4）白紙運動（白紙革命）　二〇二二年十一月末から十二月にかけて北京や上海を中心に起きた、中国のゼロコロナ政策に抗議する運動。若者たちが白紙を掲げ、ゼロコロナ政策を終わらせるきっかけに。

Ⅲ

ウクライナ戦争「超精密解説」

×高橋杉雄

ロシア・ウクライナ戦争の勃発から一年余が過ぎた
二〇二三年三月、ウクライナ東部の街・バフムトが激戦地に。
プリゴジン率いるワグネルが主力部隊となり、
ロシアはバフムト攻略に未来を見出しているかのように見えた。
ロシア軍の大攻勢は始まっているのか？
ロシア、ウクライナの双方の軍事戦略とともに、
プーチン政権とロシア軍に横たわる微妙な距離感をも読み解く。
（2023・3・14）

高橋杉雄（たかはし・すぎお）
1972年、神奈川県生まれ。防衛省防衛研究所防衛政策研究室長。早稲田大学大学院政治学研究科修士課程修了、ジョージワシントン大学コロンビアンスクール修士課程修了。専門は現代軍事戦略論、日米関係論。著書に『現代戦略論』（並木書房）、『日本で軍事を語るということ』（中央公論新社）、編著に『ウクライナ戦争はなぜ終わらないのか：デジタル時代の総力戦』（文春新書）がある。

バフムトが激戦地に

高橋　この対談がおこなわれているのは二〇二三年三月中旬ですが、激戦地となっているのは、ウクライナ東部の街・バフムトです。ロシア軍によるバフムトへの攻撃は、昨年の五月、東部ドンバス攻勢の一環として始まりました。ロシア側は民間軍事会社ワグネルの部隊を主力として投入してきましたが、ウクライナ側も徹底抗戦の構えを崩さず、双方の攻防は激しさを増しています。

小泉　事態が大きく動いたのは今年一月でした。バフムトのすぐ北側に位置するソレダールをロシア軍が陥落させ、その勢いに乗って、街の南北をどんどん制圧していった。兵站線が圧迫された結果、三月に入ってからは、バフムト市の東半分もロシア軍に制圧されたと見られます。正直、ウクライナ軍は「撤退やむなし」の状況ですが、非常に頑強に抵抗して、なんとか持ちこたえていますね。昨年夏のセベロドネツク攻防戦では部隊を保全することを優先して撤退を選びましたが、今回はまだ粘っている。

高橋　ロシア軍の当面の目標は、東部ドンバス地方（ドネツク・ルハンシク二州）を完全に制圧することです。大部分はすでに支配下に置きましたが、ドネツク州の北側部分はまだウクライナが維持している。そこに進むための突破口を開くために、膨大な犠牲を払いながらバフムトを攻撃している、というのが大方の見方ですよね。

ただ、よく分からないのは、「なぜここまでバフムトにこだわっているのか」ということ。他にも攻めこめそうなポイントはたくさんありますからね。例えば、バフムトの南側に位置する街・ドネツク。ロシア軍は開戦してからずっと、ここからも攻勢を仕掛けているのですが、なかなか上手くいっていない。ドネツクの部隊を強化して、突破口にしても良さそうですが……。

バフムトに執着する理由

小泉　つけ加えると、ロシア軍はドネツク州南西部のウフレダル、ルハンシク州西部のクレミンナやスヴァトヴェからも攻勢をかけています。多方面から攻めこんで、ドンバスで取り残しているポケット状の部分を、まるっと制覇してしまいたいのでしょうね。

高橋さんのおっしゃる通り、ロシア軍はその中でも、バフムトに異様にこだわっている。それが軍事的合理性からなのか、政治的な理由からなのかは、議論の余地があると思います。

そして、バフムトに執着しているのは、ウクライナ側も同じです。ドイツの大衆紙「ビルト」は、バフムトの防衛方針を巡って、ウクライナ側で一悶着あったことを伝えています。記事によると、ソレダールが落ちた後の二月頃、ザルジニー総司令官とシルスキー陸軍司令官は、バフムトから撤退すべきとの立場を示したそうです。
ところが、軍人二人の戦術的判断を、ゼレンスキーがひっくり返した。「バフムトを放棄すれば、ロシア軍はさらにウクライナ領の奥深くに侵入してくる」と。

高橋　なるほど。

小泉　このゼレンスキーの判断が、本当に戦術的な理由に基づいているのか、それとも「西側に我々が負けているところを見せてはならない」という政治的な理由からなのか……判然としません。
ウクライナ戦争が始まって一年と一カ月が経ちましたが、これまでのゼレンスキーは比較的、軍人の言うことには従ってきました。それがバフムトに関しては、いつもと違う印象を受ける。政治が軍に介入することで、有能だったウクライナ軍に変なほころびが出始めているのではないかと、私はちょっと気になっていますね。

高橋　軍事合理性と政治的なニーズの衝突は、戦争ではよく起こることです。昨年六月のセベロドネツク攻防戦でも、ルハンシク州の最後の拠点を維持したいゼレンスキーと、

ウクライナ全土の地図（2023年3月21日時点）

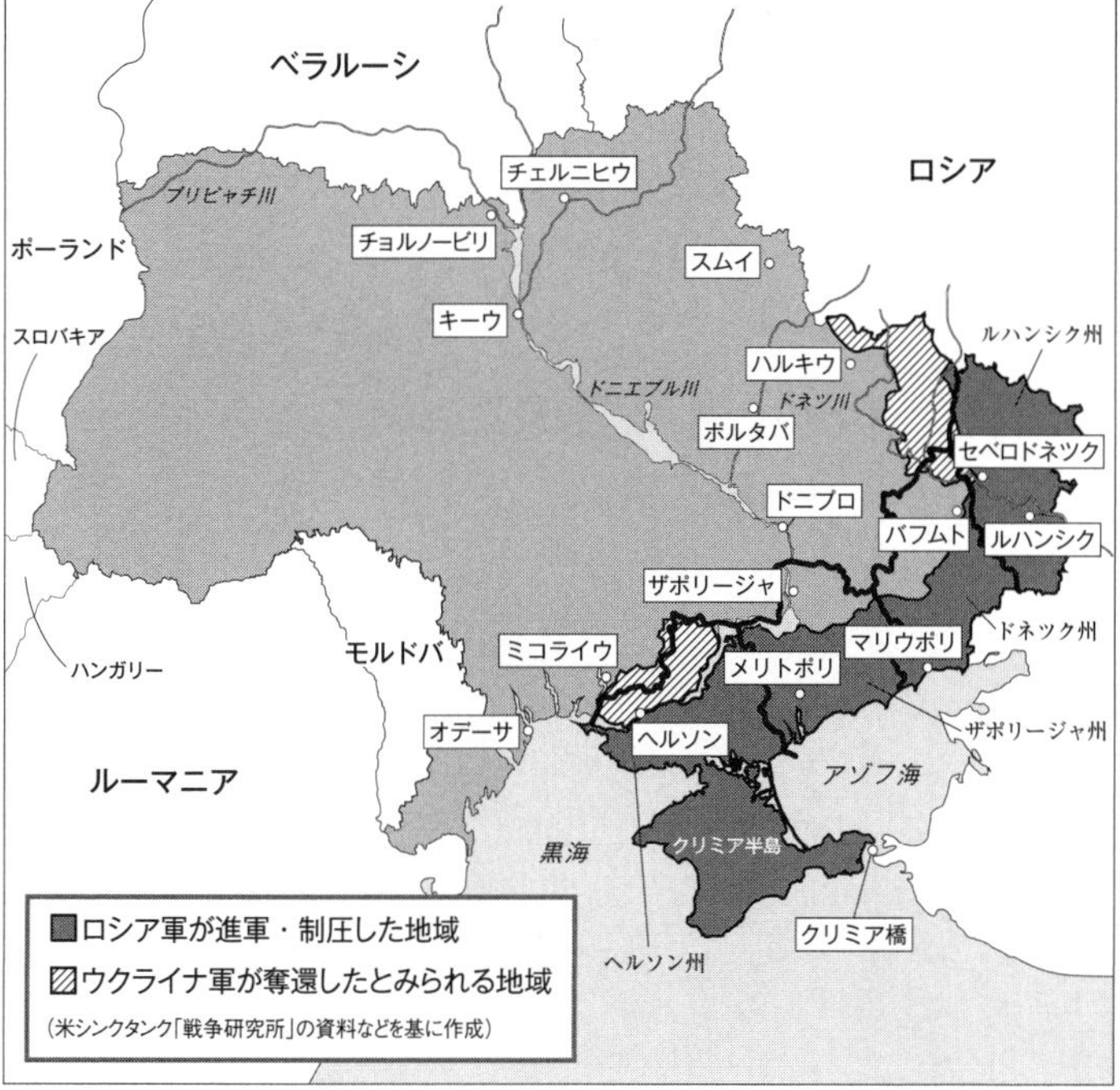

（米シンクタンク「戦争研究所」の資料などを基に作成）

周辺の精鋭部隊が包囲される前に撤退させたい軍部との間で、ある程度の衝突があったことが想像できます。あの時は最終的に、軍事合理性を優先した判断が下され、部隊に対して撤退命令が出されました。
　バフムトについてはゼレンスキーの判断が優先されたわけですが、果たして、そこまでして守るべき街でしょうか？

小泉　そうですねぇ……。バフムトは鉄道や幹線道路の結節点であるため〝要衝〟と呼ばれることが多いのですが、実際はそれほど戦略的価値を持ちません。最近は、米シンクタンク海軍分析センター（CNA）のロシア研究部長、マイケル・コフマンが現地を視察していますが、彼も「撤退したほうがいい」と結論づけています。

高橋　結局、バフムトがウクライナにとって重要なのは、ロシアがこの街を重要視しているからということに尽きます。そして守りやすいのでロシアに出血を強いている。

小泉　ウクライナのポドリャク大統領府長官顧問は、バフムト攻防戦の目的について「自軍の戦力を再編する時間を稼ぎ、ロシア軍に損害を強要する」ことだと語っていますけどね。したがって、今の状況はそんなに悪くなく、むしろ「一〇〇〇％成功」なのだと。いかにも旧ソ連の人間らしいオーバーな表現ですが、確かにポドリャクの言う目的は、ある程度は達成されています。

高橋　バフムトにおいて、ロシア軍の損害率はウクライナ軍の五倍に達していますからね。これだけ消耗が激しいと、普通は攻めるのをやめるものですが、それでもなぜか突き進んでくる。

地図（次ページ）を見ながら説明すると、現在、ロシア軍は街の中心を流れるバフムトカ川の東側を押さえ、ウクライナ軍は西側を守っている状態です。この中心部の川がウクライナ軍の防衛線として機能し、渡河してくるロシア軍をモグラ叩きのように倒していくことが出来ている。相手の戦力を上手く削れているので、ウクライナ軍も「ここで引くのは惜しい」と、粘っているのかもしれませんね。

プリゴジン率いるワグネルの実態

小泉　しかもバフムトの攻勢を担っているのはプリゴジン率いるワグネルだから、軍としては死んでも構わないとやらせているのかもしれません。

というのも最近、このワグネルの創設者のプリゴジンが明らかに調子に乗っていたわけですよ。軍をバカにするようなことを言ったり、違法な民間軍事会社のはずなのになぜか

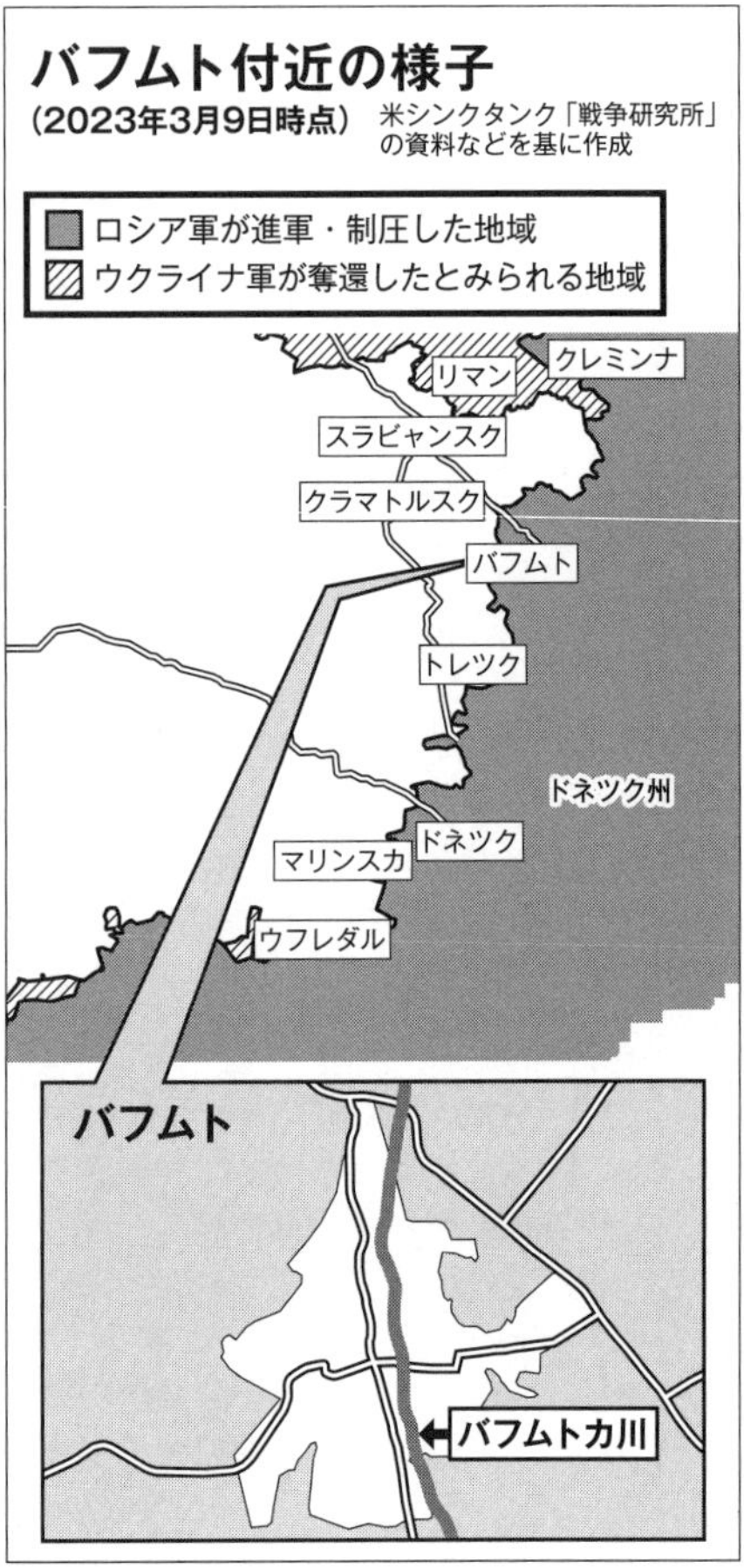

バカでかい本社ビルを作ったり。プリゴジンが前に出すぎたので、こいつを懲らしめなきゃいけないという意識はたぶん軍上層部にも政権の中にもある。だから、しばらくここで消耗しておれという話である可能性もありますよね。

高橋　にもかかわらず、そこでおとなしくするのではなく、バフムト攻略に突っ走っている。だからロシアとしてはバフムト攻略に未来を見出しているんでしょうね。

小泉　ちなみに、ワグネルは四万人ぐらい囚人を募っているという話ですよね。日本の受刑者が全部で四、五万人なので、日本の刑務所を空っぽにするような勢いで囚人を集めて戦場に突っ込ませている。すさまじい攻勢であることは間違いありません。

高橋　小泉さんは、このワグネルをどう見ています？

小泉　ワグネルが得体の知れない連中であることは間違いなくて、アメリカの研究者にはワグネルなんて存在しないと言い始めている人たちもいます。つまりプリゴジンという元マフィアの親玉が、種々様々なペーパーカンパニーを噛ませてつくった複雑怪奇な巨大帝国があり、そのあちこちに武装勢力やマフィアみたいな連中が紐づいている。その総体がワグネルであるとの見方が多いと思います。ではなぜそんな影の存在を容認したかといえば、シリア内戦やアフリカ内戦など介入を公言しにくい戦争において必要な存在だったからです。

しかし今回の戦争はロシアが公然とやっているわけで、ワグネルに頼る必要はそこまで高くなかったはずです。でも、結果的にバフムト攻略がワグネル・プロジェクトの様相を呈している。連邦軍が何もできない時にバフムトで一定の成果を挙げたため、プリゴジンが増長してしまったわけです。

高橋　民間軍事会社と言うべきなのか裏口ロシア軍と言うべきなのかは別にして、正規軍でない武装組織が戦争に来た場合には、普通は後方の警備や治安維持を担うわけですね。でも、前線で一定の作戦エリアを持って戦わせているのはほとんど意味がわからない。

これまでも小泉さんと話してきましたけど、昨年九月のハルキウ反攻で連邦軍が大敗をした。にもかかわらず、バフムト、ソレダールエリアでのワグネルの攻勢は続いていた。あれはおそらく、「軍は負けたけれど、自分たちは勝った」という場面を作るための非常に軍閥的な活動だったと思うんです。ワグネルとプーチンの間の距離が開いたとの最近の報道にあるように、軍が主導権を取り戻そうとしているのは確かでしょうね。

小泉　以前、高橋先生と、この戦争は中世の戦争のようだと話したことがありました。国家が暴力を独占するのでなく、様々な武装勢力を糾合して戦わせているからです。すると、国は一丸になって敵を叩き潰すことだけに集中できず、同時に国内の権力闘争をさばきながら戦争に向き合わなければならなくなる。我が国も前回の戦争を思い返せば、思い当たる節のある話ですよね。

ロシアは本気を出していない

小泉　ところで、この対談で高橋さんに聞いてみたかったことがあるんです。ズバリ、ロシア軍の大攻勢はすでに始まっているとお考えでしょうか。

高橋　それはグッド・クエスチョンですね。

小泉　一月から三月までの時期に、ロシア軍が大規模な攻勢をかけるはずだということは、これまで様々な専門家が指摘してきました。イギリスの国防省は「一月二十五日に開始された」と判断しましたが、もう一カ月半は経っている。最初の段階は威力偵察や陽動であると考えても、そろそろ〝本番〟が始まってもおかしくない。

今起こっている事態は威力偵察や陽動に過ぎないのか、それともロシア軍が全力を出して〝これ〟なのか。年明けからずっとモヤモヤが続いているんですよね。答えがどちらになるかによって、今後の戦況も大きく左右されるので、その点を高橋さんと議論したいと思います。

高橋　ロシア軍が本格的な攻勢を開始しているのかどうかは、僕もずっと謎でした。現状、ドンバス地方で激戦地となっているのは、ウフレダル、クレミンナ、クピャンスク、バフムトの四カ所だと見られていますが、どの正面でも大きく前進できているわけではない。

一方、ロシアは昨年九月に部分動員令をかけ、約三十万人の予備役を招集しています。うち十〜十五万人ほどは、まだ戦地に投入されていないと見られますが、それらの予備兵力が現れた気配もない。戦術航空機の大規模な投入も行われていない。……となると、春季大攻勢の本番は、まだ始まっていないのではないかという気がします。

小泉　普通はそう考えるべきなんです。だけど、こんなにダラダラやっていてはウクライナ軍の守りも固まるばかり。ここから大規模な突破を図ろうとしても、ロシア軍にとって不利な要素が多いです。

泥濘期が終わって、地面が固まり出すのは五月頃。そこまで待たずに本番を仕掛けるのか、五月まで現状維持を続けて、練りに練った予備兵力を投入してくるのか……。しかし、あまり時間をかけすぎても、西側からの戦車がウクライナに入ってきてしまう。ロシア側がどこまできちんと先のことを考えているのか、謎は深まるばかりです。

メインの攻撃軸は「東から南」

高橋　大攻勢をかけるとすれば、どこから攻めていくのか。気になるのは、ロシアの第一親衛戦車軍が、ルハンシク州の北部あたりに控えているという話です。まだ姿は現していませんが、前線で突破口が開ければ投入される可能性があります。

小泉　機甲部隊を中心として編成される精鋭部隊ですね。さらにこの辺りには、第二戦車軍なるものが作られているという見方もあります。ロシアがここに二個戦車軍を作って、大突破を考えていたら恐ろしいですね。一気にハルキウを取り返し、改めて東から西に向かって、キーウを狙いに行くことが出来てしまう。

高橋　まあ、それこそが王道の攻め方ではありますよね。第二次世界大戦でソ連は、ハルキウを押さえたうえで、ポルタヴァ、キーウと、東から西へ反攻していった。ロシアが最初からその攻め方をしていないのが不可解ではありました。

小泉　他には、ベラルーシ側からキーウを狙いに来る説もありましたが、こちらは立ち消えになりましたね。ベラルーシとウクライナの間にはプリピャチ川が流れていて、付近に湿地帯が広がっていますからね。

そう考えると、やはり、ロシア軍のメインの攻撃軸は、ウクライナの北側というより、東から南にかけての部分になるかと思います。ここからのロシアの本気がどの程度なのか、それにウクライナが耐えられるか否かで、戦局も大きく変わります。

西側戦車部隊の威力は？

高橋 ウクライナが期待しているのは、西側から供与される予定の戦車です。これまで各国は欧米製の戦車の供与を見送ってきましたが、今年初めにイギリスが「チャレンジャー2」の供与を表明。そのイギリスと歩調をあわせる形で、ドイツからは「レオパルト2」、アメリカからは「M1エイブラムス」の供与が発表されました。

小泉 ロシア軍の戦車と西側の戦車を比べると、全体的に性能が良いのは西側になりますよね。イギリスのチャレンジャー2はちょっと古いので微妙ですが。

高橋 照準システム、夜間戦闘能力などを考えると、実際の戦場での優位は大きいですね。欧米製の戦車は砲に高性能の安定装置を取り付けていて、高速走行中であっても目標に命中させることができる。また赤外線センサーも優れていて、夜間に相手の熱源を探知して、正確に射撃をおこなうことが出来ます。

小泉 なかでもレオパルト2は、おそらく世界で最も売れている西側製の戦車ですよね。事実上、ヨーロッパの標準戦車となっている。ヨーロッパで合計すると二千両ほど存在すると言われ、日本の近所だとシンガポールも保有しています。

高橋 レオパルト2の製造が始まったのは一九七八年。生産国の西ドイツは東西冷戦の最前線に位置していたため、大量生産されていきました。冷戦終了後は、軍縮のためにレオパルト2を中古市場に安価で放出し、一気に顧客を獲得していった経緯があります。ちょうど各国の戦車が製品としての寿命を迎えており、入れ替えのタイミングと重なっていたことも大きかった。

小泉　売買の実績が積まれていくほど、運用のサポートやアフターフォローも充実していきます。なおかつ、性能はそれなりに良いので、重宝されるのでしょう。

ただ、日本ではレオパルト2の性能が過大評価されて伝わっているところは否めません。これで大反攻が可能というほど単純な話ではありません。戦争は「総合力」が物を言う世界です。野球に例えて言えば、四番バッターが九人いるチームは成立しない。様々な役割を担う選手がいないと、試合が出来ないわけですよね。西側から優秀な戦車が入ってくるというだけで、戦局がウクライナに有利に傾くと判断するのは、いかがなものかと思います。

高橋　そうですね。戦車は所詮、量産兵器。「ガンダム」で言えば、ザクとかジムのようなもので、完全無敵の存在ではありません。大きな力を発揮させるためには、それを使う人間の知恵が重要になります。

例えば、戦車の正面はすごく頑丈である一方、後方の装甲は薄くなっている。敵に狙われたら一発アウトなので、後ろが空かないフォーメーションを組む必要があるし、歩兵との連携も重要です。敵・味方の位置をちゃんと確認しつつ、進んでいかなければなりません。

小泉　問題はソフト面がどうなるかですよね。NATO軍の機甲部隊は基本的にデータリンク化されていて、戦車どうしでの情報共有が可能になっている。新型のものだと、ディスプレイを見ながら敵・味方の位置を把握することも出来るわけです。今回の戦車供与は、それらソフト面も込みなのかどうか、まだ対応は明らかにされていません。

高橋　ロシア軍に鹵《ろ》獲《かく》されることを考えると、なかなか出しづらいのかもしれませんね。そんなことを言っていたら戦争は出来ないので、欧米諸国も思い切った行動をとるべきだとは思いますが。

戦車の供与は縮小へ

小泉　戦車についての最大の懸念は、供与される総数が縮小していることです。一月時点では全部合わせて「三百両」超えだとされていましたが、どんどん話が小さくなってきた。オランダやフィンランドは、一度は供与を約束したものの、取りやめになりました。結局どれくらいになったのかと、この前数えてみたら、八十弱まで減っていましたよ。

高橋　そのくらいでしょうね。

小泉　しかも、量だけでなく、質も落ちてきている。レオパルト2は比較的新しい「A6」で統一するという話だったのが、ポーランドとスペインから供与されるのは「A4」と、型落ち品になっている。ウクライナからしたら、「なんか話違わない？」と。

高橋　その中でドイツだけが、いまだにしっかりと約束を守っていますよね。二月二十四日には、供与するレオパルト2を当初の計画から四両増やし、計十八両にすると発表しました。やっぱりドイツって真面目な国だから、「やる」と宣言した以上は、ちゃんとやるんですね。その辺りは日本のお国柄とよく似ているなと思います。

小泉　戦車の他にも、ウクライナ軍は大砲の弾が足りないとも主張していますね。今年三月、英国の「フィナンシャル・タイムズ」が、ウクライナのレズニコフ国防相がEU各国に向けて出した書簡をすっぱ抜いていた。レズニコフは、ロシアに火力で負け続けていることを切々と訴え、月に二十五万発の砲弾を供与するよう求めたのですが、この数は物理的に難しいですよね？

高橋　そうですね。ロシアに火力で勝つのは至難の業です。現実的に考えてウクライナ軍に最適な戦略は、精密誘導兵器を使って、ロシア軍の兵站のハブをピンポイントで破壊し続けることだと思います。

小泉　そうなると、今ある「ＨＩＭＡＲＳ」（射程八十キロ）よりも射程が長いものが必要になってくる。かなり前から、射程が三百キロにもなる「ＡＴＡＣＭＳ」の供与をアメリカに求めているのですが、バイデンもなかなか首を縦に振りません。

その代わりと言ってはなんですが、アメリカは二月に発表した追加軍事支援で、射程百五十キロのロケット弾「ＧＬＳＤＢ」の供与を決定。さらに滑空誘導爆弾「ＪＤＡＭ－ＥＲ」については、すでにウクライナ側に渡っていると明らかにしています。当面はこれで頑張ってくれということですかね。

高橋　ＪＤＡＭ－ＥＲは「ＪＤＡＭ（統合直接攻撃弾）」の射程延伸型で、展張式の翼で六十キロほど滑空できるようになっている。現在、ソ連製のミグ29戦闘機に搭載して使用されているようですね。

ただ、敵地の奥深くを叩くには、戦闘機を前線に近づかせる必要がある。ロシアの防空システムの射程内に入ってしまい、機体が撃墜される危険性が出てきます。今あるＨＩＭＡＲＳと比べても、それほど大きなアドバンテージにはならないのではないでしょうか。

小泉　ロシア軍の濃密な防空システムのなかに突っ込んでいくってねえ……何回かは成

功するかもしれませんが、そんなことを繰り返していたらウクライナ空軍はあっと言う間に消滅します。

高橋　そうなんですよ。ＪＤＡＭ－ＥＲを提供するのなら、戦闘機もちゃんと揃える必要がある。それなのにアメリカは、「今のウクライナのニーズは防空なので、対空ミサイルの供与を優先する」と、変な理屈をこねて逃げ続けています。実際には戦闘機こそが最強の防空兵器なのに。

小泉　戦車にしても、戦闘機にしても、欧米諸国はロシアの核使用を恐れるあまり、なにかと理由をつけて供与を先延ばしにしていますよね。そろそろ個別の兵器に変な意味を持たせるのをやめたほうがいい。「核を使えば、それ相応の報復をしますよ」。欧米諸国はそれくらい強い姿勢とセットで、大規模な軍事援助をおこなっていく必要があります。そうしないと、この戦争はいつまで経っても終わらないままですよ。

ロシア軍の徴兵制に見えるもの

高橋　最後に、今後の見通しについて触れておきましょうか。ウクライナ軍にとって重要な課題は、兵士の士気と練度をいかに保つかということ。開戦から一年以上が経過し、熟練兵を中心に消耗してきている。バフムト攻防戦では脱走兵も続出したと聞きますからね。

小泉　兵士の士気を保つには、昨年の第二次ハルキウ反攻のような決定的な戦果を挙げなければなりません。注目されているのは南部ザポリージャ州の奪還ですが、いつ反攻を開始することが出来るのか、非常に気になるところですね。

高橋　西側の戦車中心の部隊が、いつまでに揃うかですよね。米軍とドイツ軍は今年一月、ウクライナ兵への軍事訓練を開始しましたが、一個大隊相当の五百〜六百名を一カ月半かけて訓練するとしています。

すでに一個大隊は出来上がり、今は二個大隊目の訓練に取り掛かっているところ。二個大隊が完成するのは三月下旬、三個大隊が完成するのは五月になると見込まれます。この三個大隊をあわせて、ようやく一個旅団となる。現実的に考えて、ウクライナ軍の大規模反攻は五月以降ではないでしょうか。

小泉　西側の訓練ペースは、もうちょっと上げないといけない気がしますけどね。

高橋　そうですね。このままいけば、三個旅団が出来るまでに一年はかかってしまう。戦況を大きく変えたいのであれば、二倍くらいの速さにしないといけません（註：実際の訓練はこれよりも早く、十二個旅団程度の兵力で六月の反転攻勢が開始された）。

小泉　一方のロシアは兵力を強化しようとしている。気になるのは、部分動員とは別に、徴兵をいまだに実施していることです。毎年春と秋に、若者は国民の義務として入隊し、一年の期間を経て除隊する。今年の四月一日から春の徴兵が始まるわけですが、この状況下でまだそんなことをやるのかと。徴兵の訓練リソースを解放して、動員兵の訓練に振り分ければ、もう少しまともな戦い方が出来るはずですが……。

高橋　徴兵者はウクライナには送れませんよね？

小泉　建前としてはまだ送れませんが、不気味なのは昨年十二月のショイグ国防相の発言です。ロシア軍の徴兵年齢を引き上げるとともに、「希望者は入隊初日から契約軍人として勤務できる」ことを提案していた。近々、法改正をおこない、徴兵者を戦場に送り込めるようにする可能性も排除できません。

高橋　徴兵者って全くの素人なわけですが、それを急に送って大丈夫ですかね……。

小泉　右も左も分からない子供をちょっと訓練して放り込むわけですから、かなり悲惨ですよね。仮に徴兵者を送るとなれば、ロシアもかなり追い詰められているということだと思います。

プーチン政権とロシア軍の微妙な関係

小泉　いずれにせよ、この戦争が今年中に終わるということは考えられない。プーチンはすでに来年三月の大統領選に向けて準備を進めているとされますが、その時点で戦局がどちらに転んでいても、選挙には勝ててしまうのだと思います。とはいえ、プーチンにしてみると、いくつか心配事があるのも事実でしょう。

一つは、今回の戦争でプーチンが決定的に軍に借りを作ってしまったということ。つまり、これまではプーチン政権と軍の関係にはそれなりに常に緊張があったわけです。軍改革を進めようとすると軍が反発するとか、プーチンは国防費の増額要求に応じなかったとか。ところが、今回の戦争で軍に頼っている以上、政府も軍の要求を呑んで国防費を出さなければならなくなった。このような政権と軍との関係性の変化を考えると、軍に掣肘《せいちゅう》を加える意味でプリゴジンみたいな奴らを取り立ててきたのかもしれない。

しかし、結果的にワグネルが増長してしまったので、今度はプリゴジンを抑えなければという流れが出てきた。まあ、考えてみるとプーチンの統治術っていつもこうなんですよね。同じような任務を複数のアクターに競わせることによって自分のコントロール力を維持する。そのやり方の延長上に、ワグネルとの関係もあるのでしょう。ただ、これだけの大戦争を吹っかける割には、あまりにもドメスティックな思考だと思います。

高橋　政治の延長としての戦争とはいうけれど、これは国際政治じゃなくてクレムリン内政治の延長ですからね。

小泉　よく言われるクラウゼヴィッツ批判に、「クラウゼヴィッツが言う政治はあまりに狭い」というものがあります。でも、そのぐらいフォーカスを絞ってやらなきゃいけないのも事実です。これだけの大戦争の最中、まだ平時の国内政治の延長というモードを断ち切れないのが、今回ロシアが勝てていない大きな要因であり、二十数年に及ぶプーチン政権の弊害でもあるのだと思います。

ロシアは戦争の長期化を望んでいるのか

高橋　だとすると、軍にはこの戦争がある程度長く続いたほうがいいという組織利益があり得るでしょう？　かつて米国は、中国政策に集中したいから早くイラク戦争を終わらせようとしたわけですが、もしクレムリン政治的な観点から見て、ある程度戦争の長期化を望む思惑があるのだとすると、軍にもこの戦争を終わらせたい、あるいは決定的に勝ちに行くインセンティブは湧かないのかもしれない。

小泉　いや、身も蓋もない話ですねえ。戦争が始まる前までロシア軍の兵力は定員で百一万人だったわけですよ。だけどロシアの将軍たちは、百五十〜二百万ぐらいの兵隊が欲しいとか、ＧＤＰの三・五％は国防費を出してほしいと要求を出し続けてきた。でもプーチンは、それに応じればソ連の二の舞だから踏み出さなかった。

一方で、プーチンが就任してから二〇一〇年代頭頃までは、北カフカスで対テロ戦争をやってきたわけですよね。この主役は内務省やＦＳＢ（連邦保安局）であるため、軍としてはその間、存在価値の低下を感じていたはずです。それゆえ、過剰にＮＡＴＯを敵視しなければいけないというポリティックスがロシアにはあったのだと思います。

だから、高橋先生の今のお話は非常に面白くて、まさに戦争の長期化は軍として望んでいた状況である、と言えばその通りだと思います。実際、昨年十二月、国防省の拡大幹部評議会という年末の締めの会議でショイグ国防相が打ち出したのが、兵力の百五十万人への増強でした。

高橋　絶対、喜んでいる将軍たちがいますよ。

小泉　ショイグがそれを打ち出したのは、もう三カ月前のことです。ところが、プーチンからはそれに関する言及が一回もなされていない。一九九七年の国防法改正によって、兵力増員には大統領令の発令を求める規定になっています。でも、この大統領令も出てこない。その他にもショイグはいろんな策を打ち出しているのですが、プーチンからの裏付けが一切ないんですよね。それを承認するとも言わないし、法令も出さない。背景として考えられるのは、やはり政権と軍の間の緊張関係です。プーチンは簡単に勝てると思って戦争を始めたのに思いがけず長期化してしまい、軍からは「ほら、大統領。やっぱり百五十万は必要じゃないですか」と迫られるけれど認めたくないという構図がある気がします。

高橋　それはイラク戦争におけるアメリカに似ていますよね。統合参謀本部が戦争初期に、四十五万は兵力が必要だと言ったところ、ラムズフェルド国防長官が差し戻して十二万人に落ち着きました。しかし、バグダット攻略後の第二フェーズ以降は、なし崩し的に増やしていきます。

小泉　甘い見通しで戦争を始めてしまって、結果的に軍の要求を丸飲みせざるを得なくなっていく。その意味では、確かに非常によく似ていますね。

ロシアが恐れるのは「無政府状態」

高橋　そういえばプリゴジンが大統領選に立候補したいという発言をしていると小耳に

挟んだんですが。

小泉　らしいですね。ただヤクザの親分が言っていることなので、どこまで真面目に取れるのか。あと、プリゴジンは九年間刑務所にいた前科者なので立候補できる資格があるのかがそもそも問題です。でも、少なくとも憲法上の大統領の立候補要件には前科があったらダメとは書いていない。二〇二〇年七月の憲法改正の際には、長く外国に住んでいた人は大統領立候補資格がないと排除されたわけですが、前科者に関する規定はない。

高橋　でも、プーチンはそれを許すんですか。

小泉　いや、許さないとは思いますよ。ただ、一応公正に選挙をしているというアリバイのために認めないとも限らない。本当にプリゴジンが票を集めてしまったら、そこは選挙管理システムをカタカタっと不正操作して「正常化」すればいいだけの話なので。

高橋　そのあと謎の心臓発作になってしまうというシナリオですね……。

小泉　本当に出馬しようものなら、その可能性はあるわけですよ（笑）。昔、ホドルコフスキーという石油王が、「二〇〇四年の大統領選に出る、プーチンの対抗馬になる」と言った直後に捕まって、会社も解体されることになった。だからあの国では、プーチンに対して敵対的に選挙に出るのは難しい。プリゴジンがプーチンと戦う決意を固めた場合、その先に待ち受けるのは内戦ですからね。

高橋　ねえ。

小泉　要するに手勢を持った奴がやるわけじゃないですか。だからロシア人が真に恐れるのは戦争ではなくて内乱のはずです。内部が不安定化した時は一番怖くて、十七世紀のスムータ（大動乱）はロシア人の大きなトラウマだと思うんですよ。そう考えると、プリゴジンを支持する人は実はそんなにいないのではないでしょうか。

ロシア国民が一番恐れているのは「無政府状態」です。プーチンが失脚して国内が大騒乱に陥るよりは、今の状態を続けることを選びます。

高橋　しかも、戦場はロシア国外ですからね。ウクライナ軍がモスクワに侵攻してくる可能性はゼロで、ロシアが降伏する形での敗北はあり得ません。国民に対してはなんとでも説明できてしまう。

小泉　来年の大統領選で勝利し、そこから二期やるとすれば、二〇三六年まで居座り続けることになる。この戦争もいつかは終わりますが、その時、恐らく大統領はプーチンのままです。戦争後のロシアとどう付き合っていくか、国際社会も真剣に考えていく必要があると思います。

Ⅳ

逆襲のウクライナ ×高橋杉雄

ロシア軍の大攻勢から四カ月余。
依然として東部の街・バフムトを中心に激戦が続いていた。
一方で、ロシア軍の攻勢のスケールは縮小しつつあった。
苦戦を象徴するかのような寂しい対独戦勝記念日、
不穏なクレムリンへのドローン攻撃。
ウクライナの反攻前夜の今後を見通す対談。

（2023年5月10日）

サンクトペテルブルクのスーパーマーケットに飾られていた、ベラルーシのルカシェンコ大統領、民間軍事会社ワグネルのプリゴジン氏、プーチン大統領のフェイスマスク ©EPA＝時事

異例の対独戦勝記念日パレード

小泉　ウクライナ侵攻の最中、ロシアは五月九日に対ドイツ戦勝記念日を迎えました。僕はこの十五年ほど、戦勝記念日の軍事パレードをチェックしていますが、今年は特にめちゃくちゃ盛り下がった印象を受けました。何よりもまず、参加人数が少なかったですよね。普段はクレムリン前の「赤の広場」が人でびっしりと埋め尽くされるのですが、隙間があいてまばらな感じでした。

行進している人間を見ても、本物の軍人は半分くらいで、残りは士官学校の生徒と治安部隊のように見受けられた。「今歩いてきたのはコサック軍団です」「こちらは○○師団の部隊です」といった、紹介のアナウンスもありませんでした。これはかなり異例のことです。現実問題として、戦勝記念日に軍人にパレードをさせるほど、兵力の余裕がなかったのでしょうね。

高橋　パレードでは兵器も披露されましたが、現役戦車の姿は一切ありませんでした。戦車で披露されたのは、第二次世界大戦で活躍した「T－34」のみ。しかも一両だけだったため、かなり目立っていました。

そもそも、戦勝記念日の一番の目的は、ナチスを倒したお祝いであるわけです。かつてナチスが恐れた戦車にスポットライトをあてた点において、史上稀に見る成功を収めたと言っていいのではないでしょうか（笑）。

小泉　でもね、ロシア軍はT－34をかなりの数持っています。現役の戦車は戦場で必要だから出せないのは分かりますが、旧式の戦車をなんで一両しか出さなかったのか、不思議で仕方ありませんでした。

高橋　それは僕も思った（苦笑）。

小泉　そうでしょう？　旧式の戦車であれば、絶対にもっと出せるはずなんですよ。僕が記憶するなかで一番数が多かったのは、二〇一五年頃のパレードです。実際に現地で見学しましたが、T－34が十両、さらにほぼ同数の「SU－100」が走っていて、圧巻の光景でした。

高橋　おお……。

小泉　「七十年前の戦車が、よく中隊単位で残っているよなあ」と感心したのを覚えています。

高橋　今回もどうせなら、「KV－2」や「IS－2」のような重戦車も走らせて、ととことん派手にやり切るのもありでしたね。

象徴的な「ヤルス」の存在感

小泉　おっしゃる通りで、IS－2を登場させるとか、第二次大戦のイメージを前面に押し出せばよかったんですよ。それが今回は、中途半端にT－34が一両だけでコロコロ走っていくものだから、みんな余計に寂しさを感じてしまった。ウクライナでのロシア軍の苦戦を意識せざるを得ないことになったのです。

高橋　単純に引き算だけをしてしまったんですよね。

小泉　そうそう。いつものパレードから色んなものを引いていって、その割には何も足さなかったから、寂しい絵面になってしまった。

現役の兵器についても、歩兵戦闘車、装甲兵員輸送車、多連装ロケット砲は一切出てこず、例年通りに登場したのは、大陸間弾道ミサイル（ICBM）「ヤルス」、戦術ミサイルシステム「イスカンデルM」などのミサイルだけでした。

高橋　だからというか、「ヤルス」の存在感が異様に増していました。今後のロシアの動向を占ううえで、象徴的なものとして映ったというか。つまり、ロシアは通常戦力を大きく消耗しているので、この戦争がどういう終わり方をしようが、核戦力に頼らざるを得ないと分析されています。十年後や十五年後に振り返って、「あのパレードが前兆だったよね」と言っていそうな気がしました。

小泉　一方でプーチンの演説は、毎年言っていることの繰り返し。こんなことなら、戦時下を理由に中止すればよかったのだけど……やっぱりプーチンも歳なんだなと思いました。七十歳までずっとやってきたことを、今さらやめられない。

高橋　悪しき官僚国家みたいな。

小泉　プーチンは四十七歳で大統領になりましたが、そこから二十三年間、権力を握り続けている。そうなると、どうしても権力のあり方自体が〝テンプレ化（様式化）〟してしまうんですよね。戦勝記念日についても「毎年やっているから、今年だけやらないわけにはいかない」と、しょぼい町内会の寄り合いみたいな発想が出てくる。それがあの、ピリッとしない戦勝記念日につながったのかなと思います。

ベラルーシ政変のシナリオ

高橋　目新しかったことを挙げると、旧ソ連諸国の首脳たちが大集結したことでしょうか。

小泉　そうですね。当初はキルギスのジャパロフ大統領しか出席が予定されていなかったのが、直前になってプーチンが「やっぱり皆来い」と大号令をかけたら、関係が悪化しているアルメニアまで参加を表明した。この集まり方がすごく鮮やかで、ロシアの動員力を感じました。

高橋　普通なら、首脳の日程をここまで短期間で変更するのは難しいですけどね。

小泉　普通は出来ないですよ。つまり、いかに旧ソ連諸国の首脳たちが仕事していないのかが垣間見えたという（笑）。

高橋　参加者のなかでは、ベラルーシのルカシェンコ大統領は、かなり体調が悪そうでしたよね。

小泉　一番驚いたのは、献花の場面でしたね。赤の広場の近くに「無名戦士の墓」があって、そこまで三百メートルほど歩いて向かうことになっているのですが、ルカシェンコは一人だけカートに乗っていました。パレード後の食事会も欠席して帰国しましたし、自国の戦勝記念行事でも、声が出ないのか、国防相が代わりに演説をおこなっていた。ここまで体調が悪いのかと、ちょっとショックを受けましたね。

高橋　ルカシェンコは三月に訪中、習近平と会談しましたが、当時の映像では元気そうでしたけどね。

小泉　ここ最近、容体が急変したのだと思います。マスコミの報道だと、空港に戻るルカシェンコの公用車に救急車が付き従っていたとのことでした。恐らく、なんらかの緊急事態に備えてのことだったのでしょう。

高橋　半年前、とある国の人たちと議論していた時、「ベラルーシ政変シナリオ」が話題になりました。ルカシェンコの体調不良が政変につながるかは、あまり性急に議論すべきではないと思いますが……外部における政変といった、我々の全く予想しない要因が、ウクライナ戦争における〝ワイルドカード〟になり得る可能性もあると感じました。

小泉　ベラルーシ政変は、シナリオとしてはあり得ますね。仮にルカシェンコが政務不能に陥って、国内の反体制派の動きが盛り上がったとします。三年前の大規模デモでは、ロシアが治安部隊を国境付近に集結させ、動きを鎮静化させたわけですが、今回はさすがにそんな余裕はないかもしれない。そうなると、ウクライナ戦争の行く末は大きく変わってくるかもしれません。

「ヤバい！」クレムリン爆発映像

高橋　戦勝記念日の直前、ロシアは大きな衝撃に襲われました。五月三日未明、何者かによってクレムリンにドローン攻撃が試みられ、建物の上空で爆発が起きた。一連の様子が撮影された動画は、ＳＮＳなどを通じて世界に拡散されました。

小泉　僕はあの映像を見た瞬間、「これは本当にヤバい！」と大きなショックを受けました。クレムリンが何者かによって攻撃を受けるのは、恐らく第二次大戦後は一度もなかったことですから。

それでは、一体誰がクレムリンを攻撃したのか。真っ先に頭をよぎったのは、ロシアによる「偽旗作戦」の可能性でした。攻撃はロシアによる自作自演で、これを口実に何かしらのエスカレーションをかけてくるのではないかと。

高橋　エスカレーションの本命として考えられるのは、二十～三十万規模の追加動員しかありませんでした。追加動員を宣言するとすれば、戦勝記念日が一つのタイミングと見ていましたが、何事もないまま終わってしまった。

小泉　肝心のプーチンはと言うと、今日で事件から七日が経ちますが、ひたすら沈黙を貫いています。実はプーチンって、予想外の事が起こると引きこもってしまうタイプの人間なんですよ。二〇〇〇年の原子力潜水艦事故では、長いこと表に出てこず国民に非難されたし、二〇一四年のマレーシア機撃墜で親露派武装勢力の関与が疑われた際は、丸二日くらい姿を消していました。

今回の反応を見ていても、プーチンは事件を早く風化させたがっているように見える。これはどうも、ロシアがやったのではなさそうだなという印象を持っています。

高橋　そうなると次に出てくる可能性は、ウクライナによる攻撃です。ゼレンスキーは今回の爆発について、関与を全面的に否定していますが、ウクライナ側の能力を見ても、可能性は十分にあり得ますよね。

小泉　ウクライナからクレムリンまでは直線距離で四百五十キロほど。仮にドローンの時速が百五十キロだとすれば、三時間で目標に到達できます。少しコースを変えても四〜五時間くらいでしょう。夕方頃に飛ばせば夜にはクレムリンに到着する計算ですから、十分成立する作戦です。

高橋　例えばベラルーシ方面に一回北上させて、そこからクレムリンに向かわせれば……ロシア側も敵とは識別できません。ベラルーシは防空網も緩そうだし。

小泉　そうそう。加えて言えば、ゴルバチョフ政権時代の一九八七年に、「ルスト事件」

というのがあって。西ドイツの青年ルスト君が、小型飛行機でモスクワまで飛行し、最終的に赤の広場に着陸させてしまった。ゴルバチョフは大恥をかき、軍の幹部を集めて激怒したそうです。小型飛行機でそうだったのだから、ドローンの奇襲は防ぎきれないと思いますよ。

プーチン暗殺を狙った可能性

高橋　ただ、仮にやったのがウクライナだとしても、プーチン暗殺を狙っていたとは考えづらいですよね。モスクワまでの飛行にかかる時間を考えても、プーチンがいる場所で、ピンポイントに爆発を起こせる可能性はほぼゼロです。

また、爆発の映像を見て思ったのは、「これは爆弾じゃなくて、爆発物だな」と。爆弾というのは鉄の破片を飛び散らせることで相手を加害するわけですが、映像は単純に火薬が燃えただけのように見えた。これでは殺傷力は限られます。

小泉　ロシア側も爆発の被害については、屋根の瓦が二枚焦げただけだと発表していました。つまり、破壊効果を狙った弾頭として設計されていなかった。

となると目的は、心理的な圧迫かもしれません。爆発が起きた建物のすぐ近くには赤の広場があり、一週間後にはそこで戦勝記念の式典が開かれるわけですよね。「お前はここで演説するだろ？　分かっているぞ」と、プーチンに対する脅迫のようにも受け取れます。ただ、メッセージ効果を高めるなら昼を狙うべきで、深夜に爆発させたのが不可解です。今回はたまたまカメラに上手く映っていましたが、デモンストレーション攻撃としては効果が不確実すぎます。

高橋　まあ、誰がどういう意図で実行したにせよ、一生懸命にやった作戦ではなさそうですよね。どうせ爆発させるのなら、クリミア半島にある燃料タンクを破壊するほうが遥かに重要であるわけで。「ロシアに届くドローンがあるから、ちょっと飛ばしてみようか」くらいの、軽い感覚が透けて見えました。

バフムトを完全制圧した？

小泉　ところで、現在のウクライナの戦況ですが、依然として東部の街・バフムトを中心に激しい戦闘が続いていますよね。五月二十日には、ロシアの民間軍事会社ワグネルの創設者・プリゴジン氏が、自身のＳＮＳで「バフムトを完全制圧した」と発表しましたが、ウクライナ側は否定しています。バフムト市街地では従来からウクライナ側がじわじわと後退を続けており、かといって、それで戦争の趨勢自体が大きく変わったわけでもないので、今後も同様でしょう。

高橋 ロシア軍によるバフムトへの攻撃は、昨年五月に東部ドンバス攻勢の一環として始まりました。秋にウクライナがハルキウ反攻を成功させた後は、軍事的な判断と言うより、プリゴジン氏の政治的思惑で攻勢を続けていたように思います。

前回の対談は今年三月中旬でしたが、当時は街の中心を流れるバフムトカ川を挟み、両軍の攻防戦がおこなわれていた。ロシア軍は川の東側を押さえ、ウクライナ軍は川の西側で守っている状態でした。それから二カ月も持ちこたえたことになる。

小泉 ロシア軍の攻勢のスケールも縮んできている気がします。本来ならバフムトを制圧した上で、ドネツク州を全部取るとか、その先のキーウまで一気に突破する、くらいの成果を目指していたはず。それが最近は「郵便局が取れませんでした」みたいな話になっている。ワグネルを中心に物凄い数の兵力を投入したにもかかわらず、州単位の取り合いにならずに極めてローカルな区画の争奪戦しかできていない。

高橋 この二カ月間を振り返ると、ロシア側に戦機が見えた瞬間もありましたけどね。今年四月、ロシア軍はバフムト市北部の占領に成功しましたが、この地域は北へと向かう

ウクライナ全土の地図（2023年5月10日時点）

高速道路の結節点となっていました。僕としては、ここで温存している戦車部隊を投入し、一気に突破を図るのかと予想していたんです。そうすれば、ドネツク州の北部にかなり食い込むことが出来ますから。

小泉　ルハンシク州の北部あたりには、ロシアの第一親衛戦車軍、また第二親衛戦車軍なるものが控えているとされていましたからね。僕もその情報を知った時は、「おいおい、二個戦車軍かよ」とちょっと身構えました。バフムトで穴が開いたところに二個戦車軍が突っ込んできたら、ウクライナ軍はひとたまりもありません。

高橋　しかし結局、戦車部隊が姿を現すことはなく、ワグネルがひたすら市街戦で消耗する状態が続いている。ロシア軍はせっかく開けた突破口を、うまく活用できないまま終わってしまいました。

小泉　あれは極めて不思議な展開でしたね。ルハンシク州にあるとされた二個戦車軍の情報も、いつの間にか消えてしまいました。

高橋　前線の部隊が消耗しながらも戦線に穴を開けて、そこに機甲部隊を突っ込ませるって……世界中の機甲科将校が夢にまで見るシチュエーションですけどね。

小泉　今、高橋さんがおっしゃったのは、まさに戦前のソ連の軍事思想家たちが理想とした機動戦です。ロシアは本来、そうした柔軟な発想を生んだ国であるはずなのに、なぜか今回の戦争では硬直した戦い方しか出来ていない。

しかも、今年一月から軍事作戦の統括司令官を務めているゲラシモフは、タタールスタンのカザン高等戦車指揮学校を卒業した機甲科将校なのです。彼は戦車を一体どう使って勝つつもりなのかと、よく分からなくなってしまいました。

ロシア軍の不穏な動き

高橋　なるほど。機甲部隊を投入しなかった理由について、僕自身は二つの可能性があると思っています。一つ目は、ロシア側に予備兵力が残っていなかった可能性。二つ目に考えられるのは、部隊による作戦地域が完全に区別されている可能性です。例えば、「バフムトはワグネルの担当」と決められているため、軍は区域を超えて予備兵力を投入することが出来なかった、とか。

小泉　そこで、高橋さんと議論しておきたいことがあります。ロシア軍の大攻勢は今年一月に始まり、早四カ月が経過したわけですが、いまいち上手くいっていない。攻勢のスケールもだんだん尻すぼみになっています。だけど、僕自身は、「ロシア軍の兵力や攻撃能力は、本当に尽きたのか？」と、信じられない気持ちがあるんです。
実はロシア軍はどこかに予備兵力を確保していて、ウクライナ軍が独自攻勢を発動した時点で、カウンターパンチ的にぶつけてくるんじゃないか……そうした可能性も捨てきれていません。

高橋　ロシアは昨年九月に部分動員令をかけ、約三十万人の予備役を招集しましたよね。そのうち十～十五万人ほどは、まだ戦線に参加していないと見られています。
では、彼らは一体何をしているのか。最近のロシア側の動きを考えると、南部ザポリージャ州のメリトポリでは、ウクライナ軍の反転攻勢に備えて野戦築城が続けられている。この辺りで防備にあたっていると考えるのが自然でしょうね。

小泉　また、ハルキウの北側に目を転じると、ロシア領内にブリャンスク州と呼ばれる地域があります。ウクライナと国境を接しているのですが、最近このあたりで、ロシア軍が兵力集結拠点を作っているとされている。ウクライナ側もブリャンスク州内の線路を爆破するなど工作活動をおこなっていて、なにやら不穏な空気が漂っています。

高橋　確かに、ハルキウ北方のロシア領内では塹壕や防御陣地の建設が始まっていて、ちょっとしたニュースになっていますね。前回も話題になりましたが、北側のハルキウを押さえた上で、東から西へと向かってキーウを狙いに行くのが、ロシアにとって戦争を終わらせる確実な方法です。ウクライナ側もそれをよく分かっていて、警戒を強めているのでしょう。いずれにせよ、まだまだ油断はできなそうです。

失敗できないウクライナの大攻勢

小泉　一方、ウクライナ軍の大攻勢がいつどのように始まるか、世間の関心が集まっています。

高橋　現在のところ、ロシアはウクライナ東部ドンバス地方から南部を経てクリミア半島まで、三日月のような形でウクライナ領土を占領しています。ウクライナの反攻は、この三日月を断ち切る形で突破するのが基本方針でしょう。「メリトポリを奪還して、ドンバス地方とクリミア半島との分断を図るはず」「いや、そんなことは相手も分かっているから、逆にマリウポリを狙うんだ」とか様々な議論が出ていますけど、道路、地形、鉄道などの条件を考慮すると、大体五つくらいのオプションに絞られます。

小泉　結局、反攻の選択肢は限定されてしまっている。ですから、ウクライナがどの方法を選ぶかを予想するのは、実はあまり本質的な議論ではありません。むしろ、反攻によって戦争の終結はどれくらい早まるのか、ロシアに対するウクライナのポジションがどれくらい強まるのか――政治的なインパクトのほうを気にするべきだと思います。

高橋　政治的なインパクトを与えるためには、出来るだけ分かりやすく、大きな戦果を挙げる必要があります。

小泉　そうですね。ウクライナも春先から「やるやる」と言いつつ、いまだに攻勢を発動していないのは、簡単に失敗できないということを意味しています。攻勢が中途半端な結果に終われば、スポンサーであるアメリカやEUの国民がうんざりしてしまう可能性がある。「これまで散々巨額の支援をしたのに、結局いつまでもロシア軍を追い出せないじゃないか」と批判されるのではと、ウクライナの政治指導部も気にしていると思うんですよね。

高橋　反攻成功の鍵を握るのは、開始のタイミングです。ウクライナ側が待てば待つほど、そのぶん自軍の戦力は貯まるし、訓練レベルも上がっていく。しかし一方で、身構えるロシア側の防御も、どんどん固くなっていきます。どの段階で準備を諦めて反攻に踏み込むか。その見極めが重要となってくる。

小泉　それで気になるのは、欧米からの武器供与ですね。EUは今年三月、今後一年で百万発の弾薬をウクライナに供与すると決定しましたが、実際のペースがかなり遅い。これまで届いた分の合計は三万弱だそうです。レズニコフ国防相がＮＡＴＯに宛てた書簡によると、ウクライナ軍は一日に七千七百発は撃っているそうなので、連続射撃で三日分くらいの量しかないわけですね。もう少し弾が貯まらないと、反攻は難しいかもしれません。

高橋　一方、イギリスが「ストームシャドウ」の提供を開始したのは大きな前進でしたね。空中発射型の巡航ミサイルで、射程は二百五十キロ以上とされています。

小泉　ただ、ウクライナ側に長射程兵器はだんだん集まってきたものの、実際問題として、それを積んで飛ぶ戦闘機も揃わなければ意味がありません。最近はポーランドやスロバキアが旧ソ連製のミグ29を供与しましたが、旧東側諸国にはこれ以上の予備は残っていないはずです。

高橋　航空戦力がしっかり揃わないと、前線の突破も難しい。現在ロシアは「竜の歯」と呼ばれるコンクリート製の障害物の設置も含めて、防御陣地を必死に築いています。あれは単に防御だけが目的ではなく、後方から予備部隊が到着するまでの時間稼ぎ的な意味合いも含んでいる。ウクライナは前線で直接戦いながらも、ロシアの予備部隊の到着を空から防ぐ必要がありますが、現在の航空戦力では難しいでしょう。

最後は天地人の精神で

小泉　パッと飛び移るような〝離れ業〟をやってのける必要があり、すごく難しい反攻であることは間違いない。自軍の戦力、ロシア軍の戦力、天気……あらゆる要素を考慮したうえで、絶妙なタイミングを狙うしかありません。

高橋　難しいのは、「成功条件」というようなチェックリストがどこかにあって、「チェックリストを埋めたら反攻が成功する」というものではないことです。戦争はマークシート式の受験問題ではなく、アートの世界なんですよね。結果論の部分も大きい。

小泉　ロシア語に「イスクストヴァ」という言葉がありますが、これは「芸術」と「職人芸」という二つの意味を含んでいます。高橋さんがおっしゃったアートは、言い換えると「職人芸」ですよね。科学に還元しきれない、人間の勘やセンスが求められるということです。

例えば、ウクライナに不利な条件であっても、ザルジニー総司令官が「今絶対にここを突くべきだ」と感じたのなら、それはもう始めるしかないわけで。最後には天地人の精神で「えいやっ」と決めるしかないのだと思います。

V

戦線は動くのか
反転攻勢のウクライナ、バイタリティ低下のプーチン
×高橋杉雄

六月上旬に始まったウクライナの反転攻勢。
双方苦しい、地を這う戦いが続いていた。
「プリゴジンの乱」で露呈したロシア政府の危うさ。
プーチンのバイタリティの低下と
ゼレンスキーのＧ７での存在感。
戦線は動くのか、戦争はどこまで長期化するのか。
（２０２３年６月15日）

リトアニアの首都ビルニュスで開かれたNATO首脳会議におけるバイデン米大統領とウクライナのゼレンスキー大統領 ©dpa/時事通信フォト

ウクライナによる反転攻勢開始

高橋　六月上旬から、ウクライナによるロシアへの反転攻勢が始まったとされています。この対談がおこなわれている時点（六月十五日）での情勢を簡単におさらいすると、南部ザポリージャ州のトクマク、東部ドネツク州のヴェリカ・ノヴォシルカ、同じくドネツク州のバフムト、主に三つの地域で激しい戦闘がおこなわれています。

もう一つ、こちらは未確認ながら、バフムト近くのリマンからクレミンナに向けても戦闘がおこなわれているようです。ロシア・ウクライナとも、この戦域にかんしてはほとんどリリースを出していませんが、人工衛星のデータを確認すると、要所要所で火災が発生している。ウクライナ側がミサイル攻撃や砲撃を仕掛けていると考えられます。

小泉　今の状況が本格的な攻勢なのかはさておき、東部から南部にかけてのほぼ全エリアで、ウクライナ軍がロシア軍を圧迫しにかかっていることは確かですね。本来ならウクライナ軍は、ヘルソン州の方面でも攻勢をかけたかったはずです。そうやって全戦線で隈なく圧をかけて、上手くいったところに戦力を集中させるのが、当初の構想だったのではないでしょうか。

高橋　普通はそう考えますよね。全戦線で圧力をかけて、サイコロの六が出たところ（注：運が良くてうまくいったという意味）に第二陣を投入するのが定石です。

では本命はどこを狙うか。ウクライナ軍にとってはトクマクからメリトポリを狙うのが一番効果的ですが、そんなことはロシアも承知のうえで強固に陣地を張っている。となると、本命はヘルソン方面での渡河作戦ではないかと、私は当初考えていました。

ところが、六月六日にカホフカダムの決壊が起こり、ドニエプル川の下流域で大規模な洪水が発生。一帯が水浸しになってしまったため、この正面では大胆なことが出来なくなってしまった。小泉さんはダム決壊については、やはりロシアがやったと思いますか？

ダム決壊はロシアがやった？

小泉　最初は判断がつきませんでしたが、時間が経って様々な判断材料が出てきて……結局そうなんでしょうね。そもそもカホフカダムはロシアの支配下に置かれていましたし、決壊のタイミングもウクライナの本格的な攻勢が始まる直前でした。さらに、ドニエプル川の洪水でウクライナの渡河作戦は当面不可能となり、結果としてロシアが利を得た形になっています。

高橋　かつ、地震波のこともありますよね。ノルウェーの研究所によると、ダムが決壊したのと同時刻に、同じ場所で爆発があったことを示す振動を観測したとのことでした。

小泉　つまり、経年劣化による自然破壊ではなく、人為的に爆破されたということですよね。決壊から数日後、ウクライナ保安局は、ロシア側による爆破を示す通話を傍受したとして、音声を公開しています。こちらは情報機関が出してきたものなので、基本的には眉唾ものだと思っておいたほうがいいですが。

高橋　通話記録って、これまでにも何回か出てきているんだけど、大体が怪しいですよね。

小泉　ウクライナの情報機関も、元を辿ればＫＧＢなので……。両者ともにあまり信用は出来ないのですが、今回にかんしてはロシア側がやったと思わざるを得ません。

　話を反転攻勢に戻すと、ウクライナは反転攻勢で、いきなりドイツの主力戦車「レオパルト2」を出してきましたよね。レオパルト2のみならず、アメリカの歩兵戦闘車「ブラッドレー」やフランスの装輪装甲車「ＡＭＸ－10ＲＣ」を前線に投入し、ロシア側に次々と破壊されています。西側の装甲戦力を、決定的な打撃のために置いておくことはせず、最先方でどんどん消費しているわけですが、この状況をどうご覧になっていますか。

高橋　レオパルト2について言えば、正面装甲が堅いわけですから、戦線の突破に用いようとするのは納得できますよね。一方で、ＡＭＸ－10は装甲が弱く、戦車とは撃ち合えません。それでも出してきているのは不思議ですが……欧米に使っているのを見せたいんですかね？

小泉　うーん。一つ考えられるのは、西側の戦車を使ったほうが、継戦能力を早期に失わずに済むと判断したのかもしれません。要するに、戦車や戦闘車を第一線陣地に突っ込ませる際、西側製のほうが丈夫なため、乗員の生き残る確率が高まるんですよね。熟練したクルーを失わずに済むという利点があります。

高橋　確かに。破壊されたブラッドレーの映像を見ていたら、乗っていた歩兵は生きたまま、全員脱出していました。撃破されたレオパルト2も、正面装甲は抜かれていない。

小泉　西側兵器の防護性は、今のところ「悪くないな」という気がしています。結局、戦闘車両自体は、アメリカが新たな軍事支援パッケージで〝おかわり〟を出してくれるわけですよね。また、上手くいくかは分かりませんが、ウクライナのレズニコフ国防大臣が、ドイツに追加の戦車供与を呼びかけている。装甲車両の損失はある程度補うことが出来るため、人間をちゃんと生き残らせることが優先なのかもしれません。

反攻は「地を這う戦い」

高橋　反転攻勢の経過を見ていると、ウクライナ側は厳しい戦いを強いられていますね。

小泉　報道では「三つの集落を奪還」、「七つの集落を奪還」と、日ごとに順調に成果をあげているように見えますが、実際の動きを地図上で確認すると、本当に地を這うような戦いです。東京で例えると、山手線の駅を一駅ずつ取っていっているイメージ。距離で考えるとそんなに大きな成果ではないし、前述の通り、西側からもらった兵器も相当な数を消耗している。短期間で終わる攻勢にはならなそうです。

高橋　今回にかんして言えば、ロシア軍が完全に防御を固めて待ち構えているところに、ウクライナ軍が攻め入っている。ロシア軍が塹壕や陣地にこもっている一方、ウクライナ軍は地雷原を啓開し、ロシア軍が潜む塹壕を突破しながら進んでいかなければなりません。ウクライナの攻勢はロシアにも予測されていたため、ロシア軍はひたすら防備を固めていたわけです。そう簡単な反転攻勢にはならないと、皆が予想できていましたよね。前線陣地を突破するまで戦線は動かないし、それまでは兵士たちの血であがなうような戦いが続いていく。

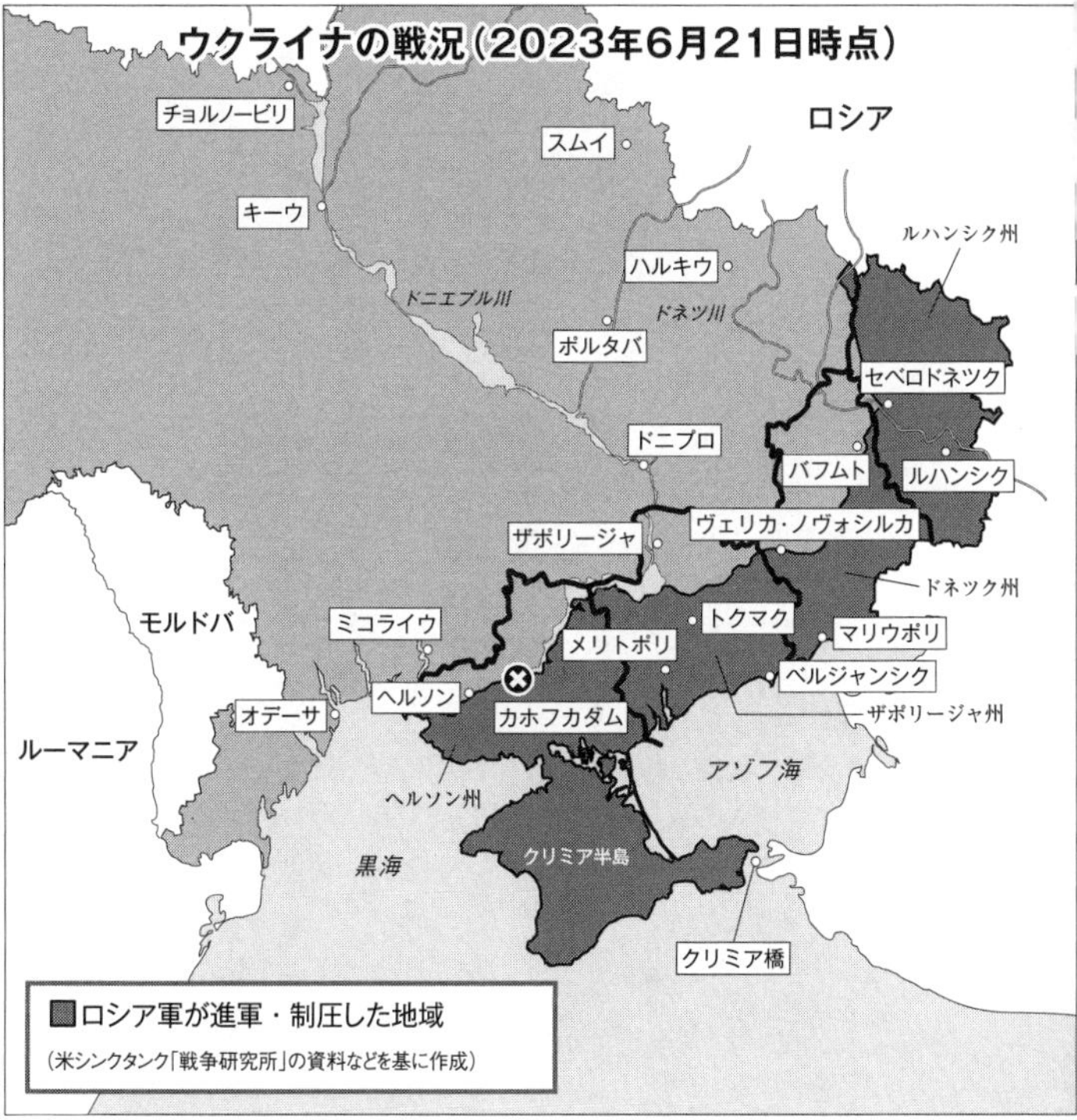
ウクライナの戦況（2023年6月21日時点）
チョルノービリ
スムイ
ロシア
キーウ
ルハンシク州
ハルキウ
ドニエプル川
ドネツ川
ポルタバ
セベロドネツク
ドニプロ
バフムト
ルハンシク
ザポリージャ
ヴェリカ・ノヴォシルカ
ドネツク州
モルドバ
ミコライウ
トクマク
マリウポリ
メリトポリ
ベルジャンシク
ヘルソン
オデーサ
カホフカダム
ザポリージャ州
ルーマニア
アゾフ海
ヘルソン州
黒海
クリミア半島
クリミア橋
ロシア軍が進軍・制圧した地域
（米シンクタンク「戦争研究所」の資料などを基に作成）

小泉　ウクライナの反攻に備え、ロシア側は三層の要塞線から成る防衛陣地帯を構築してきました。実は現時点でウクライナは、この陣地帯にまだ接触も出来ていない状態です。ロシア軍は陣地のはるか前方に部隊を出して、機動的に防御をおこなっていることになる。はたしてロシア軍は、兵力に余裕があるから部隊を前に出しているのか、戦略縦深がないから前に出さざるを得ないのか……。

高橋　塹壕戦を見ていると、ロシア軍はあくまで守りに徹しているように感じます。通常なら塹壕は、予備兵力を機動的に出したり下げたりできるよう、あみだくじを横倒しにしたような形にしなければならない。第一線、第二線、第三線と、横に線を引くだけではダメで、それぞれを移動できるよう繫ぐ必要があります。ところが、各種衛星のデータを見てみると、あみだくじの縦線をつなぐ横線に当たる部分が見つからない。恐らく、陣地ごとに防衛する形しか取れていないのではないでしょうか。

小泉　ロシア軍も強固に抵抗しているものの、すぐ後ろは海ですからね。文字通り「背水の陣」で、心理的に苦しい状況に立たされている感じもあります。ウクライナ・ロシア双方にとって苦しい戦場であることは間違いありません。

崩れる「三位一体」、中世の様相

小泉　ところで先日、英国王立防衛安全保障研究所（RUSI）が出してきた報告書に、戦場の過酷さを象徴する印象的な写真がありました。破壊された主力戦車「T－72」の砲頭を真上から写した一枚ですが、まるでドクロにそっくりです。ロシアの戦争と死のイメージが結びつく強烈な一枚で、報告書の表紙に使われていたんです。

高橋　今回、現地の軍人へのインタビューなども含めて、西側のシンクタンクの中ではRUSIによるレポートが出色の出来です。戦争研究所というアメリカのシンクタンクもロシア語のSNSを丹念に分析して、毎日リアルタイムの戦況を反映した地図を提供していて、その貢献度は大きいですね。世界中のメディアがそのデータを出しているわけで。ただ、個々の戦況分析などにおいてはRUSIの情報に深みを感じます。

小泉　今回、ロシア側の軍事ブロガーとされる人たちの存在感の大きさにも驚きますよね。世界の大メディアが「○○という軍事ブロガーによれば」と情報を出したりしていますが、これは自身も戦地経験のある〝右翼おじさん〟たちです。熱烈な愛国者であるから政府も軍もその存在を軽くは扱えないわけですが、彼らが世界の情報空間の中で大きなプレゼンスを持っていたりするのに驚きます。

高橋　謎の民間人なのに、暗殺の対象になるような人もいるわけです。

小泉　そうそう、イーゴリ・ギルキンなんて、ロシアによるクリミア併合で重要な役割を果たし、二〇一四年のドンバス戦争ではスラビャンスクで武装蜂起を組織したという人物で、その後はロシアの右派論壇で大人気になっているわけですよ。だからもう、戦争の様相がまるで中世ですよね。一旗揚げたい大陸浪人みたいな奴らがいるかと思えば、プリゴジン率いる傭兵集団がいて、皇帝陛下の正規軍がいれば、外国からの義勇軍もいる。まるで「風の谷のナウシカ」が小型戦闘機のガンシップと従者五人を引き連れて参戦しているようです。

高橋　政府と国民と軍隊がそれぞれ別の機能的集団として成立していること、「三位一体」が成り立っていることが近代国家の条件だとクレフェルトは言ったわけですが、それがもう今のロシアでは崩れている。ワグネルもそうだし、ワグネル以外の民兵組織の存在もそう。

小泉　今年の五月九日の戦勝記念パレードで、プーチンがわざわざ十七世紀の動乱時代にポーランドと戦った義勇兵の親玉の名前に言及しているんですが、それはつまり、同じような軍隊の外部にいて戦っている人たちへのリップサービスだと思うんですよね。

高橋　ウクライナのアゾフ連隊だってもとは民兵組織ですから。

小泉　ウクライナもその意味で、軍のガバナンスには相当問題を抱えているのは事実です。二〇一〇年代に入っても軍の改革がほとんど進まず、二〇一四年のドンバス戦争の際にはロシアにボコスカにやられてしまった。その経験もあって、ウクライナ政府はアゾフ連隊やスヴォボーダのような極右的な組織もすべて取り込んで、内務省傘下に収めてしまったわけです。彼らへの依存からはいまだに完全に抜け出してはいない。

高橋　なるほど。ただ、さすがに今回の反転攻勢の重火力戦闘は、正規軍の独壇場です。

小泉　そうでしょう。バフムトのような都市攻略戦においてはワグネルが手配してきた囚人たちが投入されるのかもしれませんが。とにもかくにも、砲兵が耕して歩兵が前進するような戦いが繰り広げられていて、まるで第一次世界大戦のようですね。

高橋　一方でロシア側も縦深陣地を作り、キルゾーンを設定して、ドローンも組み合わせてウクライナを攻撃している。これはもう典型的な近代戦というか現代戦です。

小泉　ここまでの戦争も非常に激しかったわけですが、ここにきてさらに戦いの烈度が上がっているのは確かでしょう。

姿を見せない主力部隊

高橋　ここからは、今後の展開について触れていきましょうか。

小泉　ヴェリカ・ノヴォシルカから南下する軸にせよ、オリヒウからトクマク、メリトポリ方面を目指す軸にせよ、現時点では、ウクライナ軍のいわゆる主力の打撃部隊はまだ姿を現していませんよね。

現在もっとも激しい戦闘がおこなわれているのが、ザポリージャ州とドネツク州の境目あたりだから、どうしてもそちらが注目されがちですが……本当の打撃がどこに来るかはまだ分かりません。

高橋　トクマク周辺でレオパルト2が確認されたとはいえ、欧米から供与された戦車の多くはまだ前線に姿を現していませんからね。イギリスの「チャレンジャー2」も、全く情報が出てきていない。第二梯団はどこかで待機しているはずです。

小泉　確か、ウクライナ陸軍の第四戦車旅団が前線で確認されていましたよね。ウクライナ軍はもともと四個戦車旅団くらい持っているわけですが、供与された戦車の数を含めると、機甲戦力はこれだけではないはずです。

高橋　一方のロシア軍も、予備兵力を隠し持っていそうですよね。

小泉　ロシアの第一親衛戦車軍がルハンシク州の北部に控えているとされていましたが、最近になって、ヘルソンの辺りに移動してきたのではという話も出てきています。
ウクライナの攻勢を前方で受け止めているのは、南部部隊集団の第五十八諸兵科連合軍とされていますが、その後ろには第一親衛戦車軍が待ち構えているのかもしれない……そう考えると、お互いに大規模な機甲予備を隠し持ちつつ、前線で激しく殴りあっているのが現状ではないでしょうか。

高橋　ロシアは「この攻勢軸は本命なのか？」と、何となく疑いながら見ていると思います。だって、オリヒウからトクマク、メリトポリなんて、あまりにも素直すぎるじゃないですか。あらゆる専門家が「ここを攻めるだろう」と予想していて、ロシアも当然ながら守りを固めていたところに、実際にウクライナ軍が突っ込んでいく。しかも、レオパルト2も投入している。条件が綺麗に揃いすぎていて、逆に怪しくも見えます。

小泉　「本当にそこでいいのか？」っていう。

高橋　そうそう。気になるのは、ウクライナがバフムトの方面にもかなりの部隊を投入していること。

小泉　バフムトは私も気になっていました。牽制かと思っていたら、やたらと激しく攻めている。これでは一体どこが本命なのか、ロシア軍も判断に迷うと思います。

高橋　バフムトから近いクレミンナでも戦闘が起こっていますからね。この二正面を突破できれば、ドネツク州のかなりの部分を奪還できます。ただ、東部地域はロシア本土から距離が近く、ロシア側はいくらでも補給が出来てしまうため、あまり良い戦場とは言えません。可能性としては否定しきれませんが……どうでしょう？

小泉　ウクライナの反転攻勢における戦略目的が何かにもよりますね。制圧された土地を取り戻したいのか。それとも東部にいるロシアの野戦軍を撃退して、戦争遂行能力そのものを低下させたいのか。

後者が目的だとした場合、東部作戦もあり得なくはない。こう考えると、すでに世の中では「南部の攻勢で決まり」という空気が流れているものの、後でけっこうなどんでん返しが起こりそうな気もしますね。

クリミア半島奪還も視野に

高橋　去年九月の第二次ハルキウ反攻だって、ウクライナには意表を突かれましたからね。主攻方向は南部だと見せかけ、ロシアの注意をひきつけたうえで、守りが弱くなった東部から一気に攻め込んだ。

……まあでも、今回の本命として納得できるのは、やはり南側の攻撃軸ですよね。

小泉　僕もそう思っています。

高橋　ウクライナ軍は海の方向を目指して南下しているわけですが、突破地帯があまりにも細いと、ロシア軍から挟撃されてしまう。ある程度広い地域を確保しながら進んでいく必要があります。だからこそ、ヴェリカ・ノヴォシルカとオリヒウ、二つの攻撃軸を作っている。そう考えると、理屈としては完全に納得できるんですよね。

小泉　恐らく、ヴェリカ・ノヴォシルカ方面の攻撃軸はマリウポリへの突破を、オリヒウ方面の攻撃軸はメリトポリへの突破を狙っています。最終的に両方の攻撃軸が合体し、中間に位置するベルジャンシクまで奪還できれば、ロシア軍をヘルソン方面とドンバス方面に分断することが出来る。

そのうえで、第二段階作戦としてヘルソンを取りにいくのが、恐らくウクライナの思惑なのでしょう。ヘルソンまで取れれば、クリミアは完全に陸の孤島になる。ロシア軍はクリミア大橋に大部分の補給を依存することになります。

高橋　だから、海際からクリミア大橋を攻撃すれば……。

小泉　はい。「ストームシャドウ」なりを使って橋を落とせば、クリミア半島奪還も視野に入ってくることになります。正直言って、そんなに上手く事が運ぶとは思いませんが、例えば八月までにヘルソンからザポリージャの全域を奪還するくらいであれば、出来なくはないだろうという気がします。

高橋　もちろん、そのぶんウクライナも無傷ではいられない。今ある戦力をほぼ使い切って、何とか達成するという感じでしょうね。

最悪のケースは……

小泉　一方で今回の反転攻勢、高橋さんは最悪のケースについてはどうお考えですか？

高橋　全く戦線が動かないまま、終わるんじゃないですかね。

小泉　戦線が動かない。はたしてそれだけで済むのか……。

高橋　ロシア側に逆襲される可能性ですか？

小泉　はい。戦線が膠着状態に陥り、ウクライナ軍も弱ってきたところで、ロシア軍が逆襲してくる可能性もあるのではないかと思っています。北から南に移動したとされる第一親衛戦車軍の再編がどれくらい進んでいるか、どの程度の戦力を持っているかにもよりますが……。

高橋　ロシアの立場からすれば、ドニエプル川を渡って、ミコライウからオデーサまで部隊を進められたら一番いいんでしょうね。

小泉　ただ、川を渡ろうとするのは相当無茶な試みなので。ザポリージャからドニプロまでを狙うのが、現実的な攻め方かもしれません。あるいは北側からハルキウを押さえた上で、一気にキーウを狙うのも王道の攻め方ではある。

最悪のシナリオは、この夏の攻勢で全く戦線が動かず、ウクライナ軍が無駄に戦力を消耗してしまうこと。冬からはロシア軍による逆襲が始まり、彼らがキーウに攻めてくる頃には、プーチンが春の大統領選で再選を決めている……なんてことになれば、考えるだけでも憂鬱ですね。

〝プリゴジンの乱〟勃発

高橋　私が最近気になるのが、プーチンのバイタリティが低下したように見える雰囲気です。明確な何かがあるわけではないのですが、なんとなく受け身じゃないですか？

小泉　すごく分かります。僕が知っているプーチンって、ほとんどヤクザの親分のような人間なんですよ。自分のメンツを潰されるようなことがあれば、「タマとったる！」くらいの勢いで、人前で激しいことを言わないと気が済まない。

ところが最近は、戦争について具体的なことを何一つ言わなくなりました。発言の場があっても「最後に我々が勝つ」と抽象的な言葉ばかりで、あれはロシア人から見ても、「プーチン老いたな」と思わざるを得ないみたいですね。

高橋　クレムリンへのドローン攻撃や、カホフカダムの決壊についても、何も言っていませんよね。

小泉　そうそう。クレムリンにドローンなんて一番許しがたい行為のはずですが、基本的にダンマリを貫いている。プーチンはこれまである種の「ピカロ（悪漢）」として君臨していたわけですが、ここに来て指導者としての陰りを感じます。

六月二十三日には、ロシアの民間軍事会社ワグネルの創設者であるプリゴジンによって武装反乱事件も起こりました。こちらはわずか一日で終息しましたが、肝心のプーチンは何もしておらず、最終的にはプリゴジンのベラルーシ亡命を容認してしまった。

高橋　プリゴジンの目的は結局のところ、ワグネルの正規軍への編入阻止だったのでしょう。「ロシア軍に攻撃された」と真偽不明の情報で騒ぎを起こし、政権にワグネルの現状維持なり、以前プリゴジンが要求した国防省の高官ポストなりを、受け入れさせることが狙いだったのではないでしょうか。

　プリゴジンはもともと主戦論者ですから、ウクライナとの戦争をやめさせるつもりはなかったし、戦争に悪い影響を及ぼすのも避けたかったのではないかと思います。

小泉　今回のプリゴジンの乱が、作戦・戦術レベルで及ぼす影響は恐らく小さいでしょうね。乱がごく短期間で収まったため、前線のロシア軍の配置には大きな変化は見られず、反転攻勢を仕掛けるウクライナ軍は、引き続き分厚い防衛線に手を焼くと思われます。

　他方、戦略的に見ると、今回の件はロシア政府の戦争指導の危うさを露呈させました。中長期的な視点で見て、プーチンの権威の失墜は否定できない。戦争が長引くと仮定すると、政権にとって有利であると見られていた「時間」のファクターが、逆に不利に働くかもしれません。

アメリカの胆力の低下

小泉　時間と言えばもう一つ、アメリカによるウクライナへの武器供与の遅れが気になります。例えば今年の二月に供与が決まった、「ＧＬＳＤＢ」という射程百五十キロの長距離誘導爆弾があるんですが、供与を約束した時点ではまだ製造ラインがなかったことがわかったんですよね。

高橋　その点、イギリスによるストームシャドウの供与の可能性が報道された翌日には、すでにウクライナに到着していたという話ですよね。報道の翌日にイギリス政府が現在完了形で発表した。

小泉　あれは、本当はさらに遡ること一カ月前にウクライナに供与されていて、発表タイミングの遅れはマスキロフカ、目くらましだったという話です。とにもかくにも、大事なのは約束したものを届けるタイミングです。

高橋　総じてタイムラグがありますね。アメリカの民主党政権は結局のところ、核兵器国に対するリスクゲームに付き合う胆力がないように見えます。昔はそうではなかった。例えば、二〇〇八年のジョージア侵攻でロシア軍が首都のトビリシに向かっているとき、ライス国務長官は米軍用機でイラクにいたジョージア軍の部隊を送り届け、さらに人道支援物資をトビリシの空港に送り込んだ。そこでロシア軍は侵攻を止めたんです。当時のライス国務長官とゲーツ国防長官の両者ともロシアの専門家で、ロシア人に対してどのようにパワーを見せれば効果的かを心得ていた。

小泉　ドストエフスキーに、かの有名な作品『罪と罰』がありますが、亀山郁夫さんは、結局主人公のラスコーリニコフは「最後まで反省していない」という読みを展開されていて、私も同じ感想を持っているんです。「罪と罰」ということで言えば、思いあがった大国の行動の抑止に「罪」は効かない。要するに、大国は「私が悪かったです」とは原則として言わないわけです。

トランプが「悪かった」なんて言うのは思い浮かばないですし、バイデンだってそうでしょう。大国の行動を抑止するのに役立つのは「罰」なわけです。高橋さんがおっしゃるように、二〇〇八年のロシアのジョージア侵攻の際のアメリカの決然たる行動はなかなかすごかった。しかし、今回のアメリカの対応は、一つひとつの理屈はよくわかるものの、戦略的な予測不可能性に欠けますよね。どこかで理屈を吹っ飛ばして決断する決定力に欠けている。その弱さを読まれているように思います。

高橋　これは完全な後知恵ですが、例えば二〇二二年の二月二十日に、ブリンケン国務長官が海兵隊員を連れてキーウを訪問していたらどうなっていたか。そうなったら双方簡単に引き金を引けないわけですよ。そういう意味でのアメリカのリスクゲームへの付き合い方が弱くなっているのは確かです。

七十歳と四十五歳の対決

小泉　ところで、アメリカの大統領選はどうでしょう。トランプは勝ちそうですか？

高橋　いや、トランプは勝たないと思いますよ。二〇一六年の勝利も世論調査からみれば統計上の誤差で上回ったわけで、共和党の候補者三人が最後まで下りなかったとか、ヒラリーが相手だったからとか、いくつか勝利を下支えした理由があった。私は再選がないほうに賭けますね。

小泉　そんなことを訊いたのは、仮にトランプが再登場した場合、ウクライナへの支援はどうなるのか、と考えるからです。もし「今度こそ俺がトランピズムをやってみせるのだ」と意気込んでホワイトハウスに帰ってくるのだとすると、本当にウクライナを見捨てかねない気がしますよね。

高橋　二十四時間で戦争を終わらせると言っていますからね。

小泉　それはつまり、ウクライナに最後通牒をつきつけて「降伏しろ」と迫る、もしくは先制核攻撃をロシアに突きつけるかのどちらかしかないわけです。

高橋　まあ、あの人は言葉が踊っているだけだから中身を考えてはいけないんですよ。

小泉　プリゴジンもそう。しかし、プーチンも、トランプも、バイデンも、みんなお爺ちゃんですよね。

高橋　そこですよ。プーチンほど老け込んだようには見えないけれど、トランプもバイデンもはっきり言ってみんな同世代です。バイデンは八十ですけどね。

でも、プーチンとゼレンスキーではバイタリティの違いは明確です。G7広島サミットあたりの彼の行動力たるや。G7の前に西ヨーロッパに行って戻り、サウジアラビアを訪問した後、そこから日本へと向かい……各国から支援の約束を取り付けてきた。単純に体力面で考えると、プーチンにあのスケジュールは不可能でしょうね。

小泉　プーチンも七十歳にしては元気なほうだと思いますけど、四十五歳のゼレンスキーと比べると、さすがに年齢を感じます。少なくとも現時点での政治家としての力量、高橋さんのおっしゃる「バイタリティ」みたいなものは、ゼレンスキーのほうが優っている。

高橋　結局、戦争が始まっても外交は続く。外交をやるうえでの一番のアセットは、国家のトップになるわけです。その点、力の差は歴然ですよね。

小泉　岸田首相との電話会談では「ウクライナの復興にかんする会議を日本で開催したい」と言ってきたりしていて、なんか上手いんですよね。ウクライナって日本の役所の論理を完全無視して、相当好き勝手なことを言ってきているとは想像できるんですけど。「とりあえず言うだけ言ってみよう」という姿勢は、日本も大いに学ぶべきものがあるんじゃないかと思います。

高橋　ゼレンスキーはある種のタレント性をもって、国際政治におけるスーパースターとしての立ち位置を獲得してきました。これからの時代の政治家には、そうしたセルフプロデュースの力も必要になってくるわけですね。

小泉　元々がタレントですけどね（笑）。恐らく以前のプーチンは、芸人だったゼレンスキーをバカにして、「俺はＫＧＢ出身で賢いし、謀略の専門家なんだ」と思っていたはずなんですよ。だけど蓋を開けてみれば、若くてチャラいゼレンスキーのほうが、映像やＳＮＳを駆使して、国家を守るために力を発揮している。

高橋　ゼレンスキーの一連のキャンペーンがなければ、欧米からこれだけの戦車は供与されていなかったでしょう。

小泉　本当にそうです。軍事的な優劣は兵力や兵器の数で客観的に計測される一方、それを超える人間の意思の力も、絶対にあると思います。

戦争はパレスチナ化する？

高橋　ところで、六月に『ウクライナ戦争はなぜ終わらないのか』（文春新書）を出すのですが、そのなかで戦争終結のシナリオを三つ書いたんです。実は昨日から別のシナリオを思いついていて……今回のウクライナの反攻が失敗し、ロシアの逆襲も失敗に終わるパターンです。お互いに機動戦力を使い切った結果、下手したら十年くらい続く、先の見えない消耗戦になっていくのではと。

小泉　パレスチナ化ですね。

高橋　その場合、プーチンの生物学的な寿命が終わっても戦争が続くことになるかもしれませんが、そうなると始末のつけ方はどうなるのか疑問です。

小泉　来年の春にロシア大統領選が予定されていますが、憲法の改正によってプーチンは二〇三六年、八十三歳までの続投が可能となっている。仮にそこまでやり切って死んだとしても、パレスチナのように泥沼の低強度紛争が続いている可能性はなくはないですね。もしくは朝鮮半島のように、停戦下で分断が固定化されてしまう。

高橋　考慮すべきは、ロシアが昨年、ウクライナ四州について一方的に「併合」を宣言したことです。

小泉　そうなんです。ウクライナの管轄権を法的に否定してしまったから、ロシア連邦という体制が存続する限りは容易に手放そうとしないはず。現在のウクライナは国土の約一八％をロシアに占拠されていますが、そこを物理的に取り戻せなかった場合、未回収の領土として割り切るしかなくなります。

高橋　その場合のシナリオは、軍事的な現実を政治的に固定する。つまり、領土を譲歩する代わりに、米軍の駐留やＮＡＴＯへの加盟など、政治的な代償を得るわけですね。第四次中東戦争が似た終わり方をしていますが、果たしてロシアが受け入れるのかという疑問は残ります。

小泉　ロシアの〝プーチンシステム〟のようなものが続いていると、難しいかもしれませんね。

一方で、これは全くの与太話なのですが。最近のプーチンの元気のなさを考慮すると、ウクライナの反転攻勢が成功してしまえば、意外とあっさり引くのかもという気もしています。いずれにせよ我々は経過を見守るしかないですが、長く苦しい戦いは避けられなさそうです。

VI

戦争の四年目が見えてきた

×高橋杉雄

ウクライナの反転攻勢から一カ月半。
二つの戦線で膠着状況が続いていた。
ウクライナ、ロシア双方の兵士の士気の低下に、
長期化する戦争の疲労がにじみ出る。
ロシアの次なる動員発令は二〇二四年の大統領選後が濃厚か。
「終わらない戦争」の停戦可能性、その後の国際秩序とは。

（2023年7月25日）

ウクライナ東部ドネツク州の前線でゼレンスキー大統領を迎える兵士たち（ウクライナ大統領府提供）©AFP＝時事

戦線が動かない理由

高橋　ウクライナ軍による反転攻勢が始まってから一カ月半が経過しましたね。この間を振り返ると、要所要所で動きはありましたが、全体的なスケールで見ると戦線は全く動いていません。

小泉　ちょっとおさらいをすると、まずは六月四日に、ウクライナ軍が東部ドネツク州のヴェリカ・ノヴォシルカ正面で南下を始めます。続いて南部ザポリージャ州のオリヒウ正面でも南下を開始。それに加えて、ドネツク州のバフムトでも激しい戦闘がおこなわれていましたから、東部から南部にかけてのほぼ全エリアで、ウクライナ軍がロシア軍を圧迫しにかかっている状況でした。

高橋　ロシア軍は防戦に集中するのかと思っていたら、七月中旬からは東部戦線で攻勢に転じましたね。ウクライナ軍高官の発言によると、ドネツク州のリマン方面と、ハルキウ州のクピャンスク方面で、十万人以上の兵士を集結させています。戦車については、九百両以上を集めているとのことです。

ロシアは昨年九月に部分動員令をかけ、約三十万人の予備役を招集しましたが、そのうち十〜十五万人ほどは今まで姿を現していませんでした。今回東部に出現したのは、これらの動員兵ということでしょう。

小泉　あの時は正直、「ちょっとやばいんじゃないか」と思いました。ロシア軍の十万という数は大きいし、ウクライナ軍については、北東部の兵力が手薄になっていましたから。「これは反転攻勢が始まる前に、我々が想定していた最悪のシナリオに近いのでは」と、嫌な予感がしましたよね。つまり、戦線が膠着状態に陥り、ウクライナ軍の体力が弱ったところで、ロシア軍に逆襲されるパターンです。

高橋　ところが、それからしばらく様子を見ても、北東部の戦線はほとんど動きがありません。

小泉　そうですね。ロシア軍も多少は前進していて、クピャンスクの辺りは危ない感じはあるけれども、ものすごく突破力を発揮しているとは言えません。

高橋　ロシア軍の苦戦の理由を挙げるとすれば、やっぱり地形が悪いんでしょうね。広大な平野が広がっている南部と違って、北部や東部のほうは森林や川が多く、複雑な地形となっているので進みにくい。

十万人と言われる兵力も、動員兵を主力とする「B級」以下の部隊で構成されていますから、実力もそれほど高いわけではありません。戦車についても、九百という数はすごいんだけど、本当にそれだけの数がちゃんと投入されているのか、また、それを支える兵站があるのか、という点はやや疑問ですね。

小泉　結局、南側においては、ウクライナ軍が南下しようと頑張っていますが、ロシア軍が築いた分厚い防御陣地に阻まれている。その隙にロシア軍は北東を攻めようとしているのですが、それも上手くいっていないという状況ですね。最悪も最良もなく、グダグダと戦いを続けているのが、反転攻勢が始まってからの一カ月半だったと思います。

高橋　歴史を振り返ると、二つの戦線でお互いに攻勢をかけあうケースはほとんど見たことがありません。両方が攻勢を準備している状況はままありますが、大体はどちらかが先に攻勢を仕掛けて、もう一方はそれを妨害するための攻勢を強いられることになる。現在のように片方では攻めつつ、片方では守る……という動きをすること自体が稀で、難しい戦い方なのでしょうね。

小泉　ロシア軍は北東部で圧力をかけ続けることによって、ウクライナ軍が南のほうに置いている予備戦力を、少しでも北に吊り上げようとしているのが現状かなと。一方、ウクライナ軍も東部のバフムトで攻勢を強めています。恐らく、ロシア軍が南部に置いている防衛戦力を、北に吊り上げたいのだけど、ロシアもその手には乗ってきません。お互いに同じようなことを考えていて、お互いにあまり上手くいっていない。

とりあえずこの夏いっぱいは、南のほうをぐいぐい押してみるのがウクライナ軍の戦略になるのでしょう。十月か十一月には泥濘期を迎えて地面がぬかるみ始めますから、残された時間は二〜三カ月ほど。ロシア軍の防衛線に穴をあけることが出来るのか……展開が非常に気になります。

致命的な武器供与の遅れ

高橋　ウクライナ軍にとっては過酷な道のりですよ。頑張ってロシア軍の防御線を突破したとしても、その先には地雷原が広がっていますからね。地雷は向こうから攻撃してくるものではないので、敵さえいなければ道具を使って除去できます。とはいえ、ロシアの前線部隊が全くいなくなることは考えられないので、必ず邪魔が入ってしまう。

小泉　しかも、ロシア側の防御陣地は多重化されていて……。トクマクなんか街ごとぐるっと囲まれているじゃないですか。一つの防衛線を抜いたら、次の防衛線が待ち構えていて、ここを抜いていくのはなかなか大変でしょうね。

結果論かもしれませんが、今のウクライナ軍の苦戦を見ていると、地雷除去のための工兵機材や、工兵部隊との連携の訓練が、ＮＡＴＯの支援のなかでは弱かったんじゃないかと思わざるを得ません。

高橋　今年の春から夏にかけて反転攻勢が始まるのが分かっていたから、欧米はとにかく「戦力造成」を最優先にして兵器を送り込み、訓練も急いだ。そのため、正規の訓練課程が疎かになった面はあると思います。

小泉　最近、ウクライナで前線を視察した軍事アナリストが、かなり厳しい指摘をしていました。彼によると、ウクライナ軍は「諸兵科連合作戦がまるっきり出来ていない」と。諸兵科連合作戦とは、歩兵、戦車、火力部隊など複数の兵科が連携しておこなう作戦のこと。軍団として一つにまとまって戦えていないと言っているのです。訓練の不足が如実に出てしまった感じはありますよね。

高橋　今年の一月に西側からの戦車供与が決まったわけじゃないですか。待てば待つほどロシア軍の守りは固くなるので、ウクライナ軍としてはなるべく早めに反攻を仕掛けたかった。ただ、訓練の期間を考えると、出来るだけ時間はとったほうがいい。その結果、ベストな選択として導き出されたのが、六月上旬の反転攻勢だったのだと思います。

これは逆に言えば、西側がもっと早く供与を決定していれば、戦車の数も訓練状態も最高の形で今年の春を迎えられていたかもしれない。判断の遅れが致命的だったと言わざるを得ません。

小泉　同感です。例えばですが、「レオパルト2」が二〇二二年の秋に入ってきていれば、今年の春になって地面が固まってきたところで、バーンと電撃反攻を仕掛けられましたよね。そのタイミングであれば、ロシア軍の陣地もここまでガチガチに要塞化されていなかったはずで、完全に時期を逃してしまった感じがあります。

「航空阻止」がウクライナの課題

高橋　もう一つ、ウクライナ軍の課題として挙げられるのは航空阻止です。現状では、本来なら前線で直接戦いつつ、予備部隊の到着を空から防ぐ必要があるのですが、航空戦力が足りていないため、そうした戦い方が出来ていません。

小泉　最近はテレビでも「航空阻止」について聞かれることが増えました。簡単に言うと、戦闘爆撃機や長射程ミサイルを使って敵の後方を攻撃し、第二梯団が前線まで出てくるのを防ぐことです。そのためには、ある程度まとまった数のＦ16戦闘機を手に入れなければなりませんが、肝心のアメリカの腰が重い。

高橋　アメリカが供与に積極的にならない限り、欧州各国も動くはずがないですよね。Ｆ16については、今後大きく状況が変わることはなさそうです。

小泉　そこで私は早くも、来年の想像をしてしまうんです。先ほどの高橋さんのお話に戻ってしまいますが、二〇二二年の秋に西側諸国が戦車供与の決断をしていれば、今ここまで酷い戦況にはなってなかったわけですよね。逆に言うと、この夏の間にちゃんとＦ16の供与を始められれば、来年の春や夏にはもう少しマシな戦いが出来る可能性があるわけです。

高橋　そうそう。今年八月にＦ16の訓練がシステマティックに始まるとすれば、来年の春には六十～八十機程度の戦力が投入できる。半年以上あるわけだから、それなりに高度な作戦もこなせるようになるはずです。ウクライナ軍が来年、有意義な戦いが出来るかどうかは、本当にバイデン次第ですね。

〝バフムト攻防戦〟の答え合わせ

小泉　ところで、開戦から半年くらいはグダグダな戦い方をしてきたロシア軍ですが、最近はある程度立て直してきたなと感じます。防御陣地はしっかりと構築されていますし、航空部隊と地上部隊の連携もだいぶ上手くなっている。バフムトでワグネルとウクライナ軍が死闘を繰り広げている間に、ロシア軍はひたすら穴を掘って地雷を埋めて、一生懸命に筋トレをこなしていたわけであって。それが今回、ウクライナ軍の南部での苦戦として現れているのかなと思います。

高橋　これは完全に後知恵になってしまうんですけど、ロシア軍がワグネルを使ってバフムトを攻め続けたことによって、ウクライナ側の戦力を一点に吸収させることが出来ていたわけですよね。我々専門家からすれば、なぜロシア軍が戦略的価値の低いバフムトを攻め続けているのかが、ずっと謎だったのですが……結果として南部の野戦築城に対する、ウクライナからの妨害を受けずに済んだことになります。意図してやっていたかどうかは、全く分かりませんけどね。

小泉　高橋さんは「結果論」としておっしゃいましたが、ロシア軍にとって単なるラッキーだったかもしれないし、意外としっかり計画していた可能性もあります。

確か、ワグネルがバフムトを取りに行った今年一月くらいから、ロシアの軍事専門家たちがウクライナによる南部攻勢の可能性を指摘し始めていたんですね。その頃はロシア軍がワグネルに直接「ああせい」「こうせい」と命令できる関係ではなかったはずで。例えばですが、プーチンがゲラシモフ参謀総長とプリゴジンを呼び出して、「こういうわけで南部攻勢に対する準備をしなければならないから、ワグネルはバフムトをしっかりやってくれ」と命令していたとすれば、かなり巧妙ですよね。

高橋　そのレベルの作戦を調整できるのは、ゲラシモフくらいでしょうね。彼が総司令官に任命されたのは今年一月でしたから、パズルのピースが繋がる感じがします。

プリゴジン反乱の総括の難しさ

小泉　高橋さんがおっしゃったように、バフムトの攻防戦は、いろいろなものの答え合わせになるかもしれませんね。まあ、その過程でプリゴジンがとんでもない〝怪物〟に育ったのが、プーチンにとっては誤算だったわけですが。

高橋　進化してしまった……。

小泉　はい。プリゴジンによる武装反乱事件から約一カ月が経過したわけですが、僕のなかではいまだに、あの一件を総括することは出来ていません。

例えばつい先日、元ロシア軍司令官のイーゴリ・ギルキンが拘束されましたが、彼のやったことって、プーチンを公然と「無能」呼ばわりしたくらいなんですね。一方のプリゴジンは、モスクワに向けてワグネルの部隊を進軍させ、その過程で正規軍の航空機をいくつか撃墜してしまっている。それなのに特に大きなお咎めは受けておらず、現在はロシアとベラルーシを自由に行き来していると言われています。信賞必罰の観点から言えば、両者の処遇の差は明らかにおかしいわけですよ。

高橋　プリゴジンは多分、踏んではいけない地雷をちゃんと認識しながら、一連の行動をとっていたと思うんですよね。ロシアの正規軍のことはずっとディスっているけど、プーチンを名指しで批判はしないじゃないですか。

小泉　実はプーチンをバカにするあだ名があって、プリゴジンは「プイパ」とは言っているんですよ。

高橋　ほう？

小泉　「あのプイパのせいでよ！」みたいに怒ったりはするけど、高橋さんのおっしゃる通り、絶対に「プーチン」とは呼ばない。

プーチンもプーチンで、最近の彼の振る舞いは、大日本帝国の末期を想起させるんですよね。あの時の日本は国体維持のために何千人も特攻で死なせましたけど、プーチンも自分の権力が維持できるかどうかで、全てを判断している感じがある。インテリで気取ったギルキンと違って、プリゴジンは大衆人気が高いので、なかなか簡単に手を下せない事情があるのでしょう（註：八月二十三日、ワグネルのプリゴジン氏らを乗せた自家用機が墜落させられ、死亡が確定した）。

高橋　まあ……プリゴジンの件は本当によく分かりませんね。「次の展開はこうなのかな？」と予想していたら、全然違う動きになってしまって。ロシアの濃い人間関係が戦争に絡んでくると、展開が全然読めなくなってしまう。このテーマは自分との相性が悪いんだと割り切ることにしました（笑）。

小泉　僕も高橋さんも基本的には〝軍事屋〟なので。どんな戦争も絶対に、地域的な知識がないと分からないこと、軍事的な知識がないと分からないことがあるので、様々な分野の研究者が皆で話し合いながら、全体像を描いていくべきだと思っています。

戦局打開には長射程ミサイルが必要

小泉　これからの展開についても触れておきましょうか。現在、ウクライナ軍とロシア軍による二つの攻勢が同時進行でおこなわれているわけですよね。南部においてはウクライナ軍が海のほうまで下がっていこうとしていて、北東部においてはロシア軍が西側に拡大していこうとしている。

可能性としては、①二つの攻勢が両方とも成功する、②両方とも失敗する、③ウクライナが成功してロシアが失敗する、④ロシアが成功してウクライナが失敗する、四パターンが考えられるわけです。言うまでもなく、③が我々西側諸国にとっては最善のシナリオとなります。ところが最近の戦況を見ていると、なかなかそこまで都合のいいことは起こらないだろうという感じが明らかに見えてきた。高橋さんはどのように考えますか？

高橋　ウクライナ・ロシア両軍ともに膠着状態……ですかね。

小泉　今のところ、それが一番あり得そうですよね。ウクライナ軍も南部でじわじわと前進しているとはいえ、どこかで体力が尽きてしまう可能性はありますし、秋になって泥濘期が始まれば、どちらにせよ身動きがとれなくなってしまいます。

高橋　戦局をガラリと変えるとなると、「ＡＴＡＣＭＳ」くらいの長射程ミサイルが必要なんだよな……。ちょっと振り返ると、二〇二二年の秋にウクライナ軍が、ドニエプル川の橋を落としたことがあったじゃないですか。その結果、川の西側にいるロシア軍は補給が維持できなくなって、撤退せざるを得なくなりました。

あれと同じことを、今度はクリミアでやればいい話であって。クリミアの重要な補給路となっているのはクリミア大橋ですから、あそこを撃破して使えないようにすれば、南部のロシア軍をかなり圧迫することが出来ます。イギリスから供与された「ストームシャドウ」では、橋を落とすには破壊力が足りないので、どうしてもＡＴＡＣＭＳレベルのものが必要になってくる。

小泉　そうですね。ＡＴＡＣＭＳが入ってくれば打撃力は増すので、ロシア軍の兵站ルートを叩くこともずっと容易になるはずです。射程距離は「ＨＩＭＡＲＳ」よりも長く、二百〜三百キロほどもあるので、南部戦線においてはロシア軍の後方を余さず叩くことが可能となる。例えば、メリトポリ周辺の補給ネットワークを連続的に叩き続ければ、ロシア軍の戦力発揮を相当制約することが出来ます。

これほどの利点があっても、アメリカは何かと理由をつけてＡＴＡＣＭＳの供与を渋っているのですが、「ウクライナを勝たせる気がないんじゃないか」としか思えませんね。

兵士の高齢化

高橋　戦争が長引けば長引くほど、兵士の士気の低下も問題になってきますよね。

小泉　そうですね。もう五百日も続いているわけですから、嫌気はさしてくるかと思います。

ウクライナ軍の場合は一年程度で動員兵を交代させることになっているんですよ。昨年の開戦時に総動員をかけているので、今年の頭以降から動員兵のローテーションが始まっています。最初に動員されたのはいわゆる〝即応予備〟なので、普段から軍事訓練を受けていた、意識高めの人たちなんですね。彼らがいったん「おつかれさん」と後方に下げられて、徴兵に一回しか行ったことがないような、ろくに経験を積んでいない人たちが前線に投入され始めている。最近ＳＮＳで見かけたのは、五十三歳のウクライナ人男性にも動員令状が届いたという……。

高橋　ええ……僕より年上じゃないか……。

小泉　五十歳を超えて戦場に行くなんて、絶対にしんどいですよね。そのように、最初に活きのいい連中を使ってしまったので、後から多少くたびれたオジサンが戦場に行かざるを得なくなっている現状があります。

ちなみに、ロシア側も最近は精神病院に入っている患者まで動員していて、動画を見たら、まっすぐに歩けていないんですよ。兵士として使い物にならないことは明らかですが、すごく邪悪な考え方をすれば「弾除け」程度にはなる。まさにワグネル的というか、最初から使い潰す気満々で人を送り込んでいるんですね。やはり戦いが長引けば長引くぶん、悲惨な戦場になってくることは明らかです。

戦争の四年目が見えてくる

高橋　ウクライナ軍は今年の一月から三月が入れ替えのタイミングで、新兵が入ってきてずいぶん混乱したみたいですね。ちょうど激化していたバフムトの攻防戦が大変だったと、現地ルポで読みました。

小泉　ただ、ウクライナは「一年頑張ってくれたら帰してあげる」という約束を、ちゃんと守っているんですよね。中長期的に見れば、兵士の士気を保つことにつながるので、かなり大きいと思います。

高橋　それは逆に「なにがなんでも戦い抜く」ということでしょ？

小泉　ですね。その点でロシアが痛いのは、〝おかわり動員〟が出来ないこと。出来ないというか、プーチンがやりたがらないんですよね。二〇二二年九月に部分動員令を出した直後は、ウクライナ侵攻後で初めて支持率が低下しました。大統領選を控えるなかでさらなる動員を発令して、これ以上むやみに支持率を落としたくはないはずです。時々は休暇を与えてやるけれども、戦争が終わるまでは動員解除をしない。それが基本的なスタンスですよね。戦争が長引いた場合、はたしてロシア兵の士気がどこまで持つかは大きな疑問ではあります。

高橋　プーチンは大統領選が終わるまでは動員をかけられない……となると、今のうちに北東部に集結しているロシア軍の動員兵部隊を叩いておくのも、一つの選択肢かもしれませんね。

小泉　それもありですね。

恐らくロシア大統領選は、三月十八日の「クリミア併合記念日」に実施されるはずです。最近のロシアは春先のイベントを、何でもかんでも三月十八日にあわせてくる傾向にありますから。大統領選を無事に乗り越え、様々なしがらみから自由になって初めて、プーチンは第二次動員を発令してくるでしょう。

動員令を発令しても、そこから兵士を集めて前線に投入するまで、半年程度のタイムラグがあります。二〇二四年内にギリギリで間に合うかどうかですから、ロシア軍が〝第二ラウンド〟をやるとすれば二〇二五年になってしまうんですね。

高橋　なるほど。

小泉　そうなると、ウクライナ戦争もすでに四年目が見えてきてしまいます。うーん……何度も議論してきましたけど、この戦争の終わり方ってどうなるんでしょうね。最近は停戦についての議論も活発になり、フランスのマクロン大統領もいろいろ動いたりしていますが。

描けない停戦シナリオ

高橋　停戦について真面目に考えてみると、①ロシアがウクライナの占領を諦めて引き上げる、②ウクライナが占領されている土地を諦めてロシアに引き渡す、この二パターンしかないんですね。①ならプーチンに誰かが圧力をかけなければならないし、②ならゼレンスキーに対して「土地も人も全部諦めろ」と説得しなければなりませんが、現実的に考えてどちらも非常に難しい。その上で、ロシアに再侵攻をさせない「安全の保障」をしなければならない。現状、米中を含めこれだけのことができる国はありません。

例えば、ウクライナが二〇二二年十一月に提案した和平案「平和フォーミュラ」は、ロシア軍の撤退、領土の回復、全ての捕虜と国民の解放など十項目から成っている。一方のロシア側は、ウクライナの中立化と非ナチ化の実現、つまり「属国化する」立場を崩していませんから、両者に歩み寄る余地は一切ありません。むしろ歩み寄るために、戦場で決着をつけなければならない。

この状況下でいくらマクロンが「停戦しよう」と言っても、とても説得力はありませんよね。ウクライナは手持ちの装備で戦い続けるだけだと思います。

小泉　僕もそう思います。この一年五カ月で我々も目の当たりにしましたが、ウクライナ人って非常に血の気の多い連中なんですよ。

もう一つ忘れてはならないのは、彼らが開戦からの一カ月間、どこからも支援が来ないなか、独力でロシア軍を防ぎきったこと。その経緯を考えると、ウクライナ側が全く納得できない条件で「もう停戦したまえよ」と促しても、言うことを聞くわけがない。プーチンにいたっては、言わずもがなです。

高橋　こうなると、なかなか現実的な停戦シナリオが描けないんですよね。

現地で取材しているジャーナリストの話を聞いても、ウクライナ人にとってはもはや、この戦争がなぜ始まったのかは重要ではないのだと。「自分の親戚や友達を殺しているロシア人を追い出すだけだ」と、多くの人が言っているとのことでした。実際、ロシア軍に占領された地域では、子供の連れ去りなど非人道的な行為がおこなわれています。そうした現実を踏まえると、土地やそこに住んでいる人間を諦めるってことは、自分が当事者なら出来ませんよね。

小泉　そもそも、ウクライナ人にとっての戦争は、二〇一四年のドンバス戦争からすでに始まっているんですよね。あの時は、東部のドネツク州やルハンシク州を親露派武装勢力が占領し、そこに住んでいる人間ごとロシア側に持っていかれてしまった。同じことが現在、ウクライナの東部から南部にいたる一帯で起こっていると想像すると、私がウクライナ人なら受け入れがたいと思ってしまいます。

結局のところ、双方ないしは片方が物理的に戦争遂行不能になるところまでいかないと、この戦争は終わらないのでしょうね。そこから分断線が引かれて停戦となる——朝鮮戦争型のシナリオが、許容できるギリギリのラインだと思います。少なくともロシアが当初の目的を遂げて、ウクライナを属国化する事態だけは必ず回避しなければなりません。

「インテリジェンスの政治化」は避けるべし

高橋　停戦の話に関連して、僕が最近「嫌だな……」と思っているのは、米ＣＩＡ長官であるビル・バーンズの動きなんですよね。

小泉　バーンズは最近、ウクライナを極秘訪問していたと伝えられましたね。ゼレンスキー大統領や情報機関のトップらと会談し、年内にロシアから領土を奪還し、停戦交渉を始める計画を明かしたとか。

高橋　僕が危険に感じているのは、バーンズが「ＣＩＡの長官」だという点なんです。ＣＩＡは情報機関なので、全ての情報を中立的に評価して、政権に上げなければなりません。ところが、そのＣＩＡ自体が停戦交渉の当事者になってしまうと、交渉を進めるにあたって都合の悪い情報は、政権に上がらなくなってしまう可能性が高くなる。ウクライナにまだ戦争を続ける意思や能力があっても、それを無視した政治的決定がなされるかもしれないわけです。

「インテリジェンスの政治化」については、アメリカもイラク戦争で痛い目を見たので、戦後は政策サイドとインテリジェンスの区別をしっかりつけるようになりました。ＣＩＡが今回のウクライナ戦争で、その〝禁忌〟に踏み込むことになれば、また同じ過ちが繰り返される気がするんですよね……。

小泉　さらに言えば、バーンズは駐ロシア米国大使を務めた経験もある〝ロシア屋〟ですよね。その彼が停戦交渉に絡むとなると、ロシアのカウンターパートはＦＳＢ（連邦保安局）ないしはＳＶＲ（ロシア対外情報庁）になる可能性があるわけです。情報機関どうしが、ごちゃごちゃ密談するって……ロクな結果になる気がしませんよね？

高橋　しかも、バーンズみたいに地位と能力のある人って、全部自分でやろうとするから、ややこしいことになるんですよ。

小泉　これは未確認情報なのですが、ウクライナ戦争が始まったばかりの頃、バーンズがロシアと接触して、「戦争はウクライナ国内に限ってね」と密約を結んでいたとする話も出てきています。仮に事実であるなら、ＣＩＡの〝フェティシズム〟みたいなものが、あまりにも凝縮されすぎていて……（苦笑）。情報機関の裏工作というのは、目の前の話をまとめることにこだわって、大きなグランドデザインを描こうとしないので、僕自身もあまり好きにはなれません。

来たるべき戦後の国際秩序

高橋　ここまで様々な議論をしてきましたが、どういう形をとるにせよ、この戦争はいつか必ず〝終わる〟わけですよね。最後に僕が触れておきたいのは、ウクライナ戦争後の国際秩序です。戦争の後のシナリオは未知数である部分が多いので、なかなか明確に描きづらいですが……少なくともヨーロッパは大きく変化するでしょうね。

冷戦終結後、西側は、ロシアをとりこむために経済支援や政治的枠組をつくりました。にもかかわらずこの戦争が起こった。米中のパワーゲームのことも考えながら、今度は徹底的にロシアを抑え込もうとするでしょう。

小泉　「ヨーロッパ」というより、「ユーラシア」という地域区分で考えたほうがいいかもしれませんね。旧ソ連圏から中国までを含めて「いろいろなものを変えた戦争であった」と、何十年後かに振り返ることになるかもしれません。

高橋　国際秩序は戦争によって形作られてきた面があります。例えば東アジアでは、朝鮮戦争によって北朝鮮・韓国という二つの分断国家と米国の同盟ネットワークが成立し、そこから現在の秩序が形づくられてきました。

小泉　その意味でも、この戦争がどういった終わり方をするかは、かなり重要な問題になるでしょう。

おわりに

六本の対談を書籍化するにあたり、その書き起こしを改めて何度か読み返してみたわけですが、その結果、自分がずっと戦争の話をしていることに気がつきました。まぁそういう商売なので当たり前と言えば当たり前ですし、そこに自分が強い興味・関心を持っていることも事実です。

個人的な話をしますと、私は二〇〇七年に大学院を出て以来、基本的にロシア軍事の研究で食ってきました。「食えるんですか」と言われれば「まぁ腹七分目くらいには」と答える程度にしか食えないので、いろんな非常勤職を掛け持ちしたりしてきたのですが、その多くもやはりロシアや安全保障に関わる調査・研究職でした。

二〇一九年に現在の所属先に着任してからはロシア軍事研究だけで食えるようになりました。基本的に朝起きてから夜寝るまでずっとロシア軍のことを考えていていいわけですし、最近ではここにウクライナ軍も加わりました。我ながらかなり変な食っていき方をしている人間だとは思いますが、個人的には満足していて、社会から許されるなら、今後もこのようにして生きていくつもりです。

そういうことで言うならば、本書に登場する三人の対談相手も（対談相手にこういうことを言うのもなんですが）相当に変わった人たちです。なにしろ三人中二人は防衛研究所の研究者ですから、私とはまた違った方向性で朝から晩まで戦争や軍事について考えている。もう一人の熊倉先生は中国研究の中でも新疆ウイグルという珍しい地域を扱っており、いずれにしても世の中のどこにでも転がっているという人たちではありません。こういう変わった人たち同士の対話が商業出版ベースで本になるということ自体、なんとなく世相だなという気がします。

とはいえ、そこで扱われているのは戦争です。本書刊行の時点で国連人権高等弁務官事務所（ＯＨＣＨＲ）が公表しているところでは、民間人の犠牲者は確認できただけで九千百七十七人。ロシア軍占領地域にはまだ多数の遺体が未確認のままに残されていることを考えると、実際の犠牲者数が万のオーダーに達していることは確実でしょう。さらにここには、戦場で斃れた兵士たち、身体や心に一生消えない傷を負った人々、住み慣れた家や街を追われざるを得なかった人々が加わります。人々の人生を凄まじい勢いで飲み込んでいく怪物のようなものが、ウクライナの大地でもんどり打って暴れ回っている光景が、どうにも脳裏にちらついてしまいます。

しかし、戦争は怪物でもお化けでもありません。あるいは地震か津波のような天災。我々人間が、人間の意思によって引き起こし、人間の組織をもって遂行するのが戦争です。そうであるならば、戦争を止める力もまた、人間にあるはずです。あるいはその責任が人間にはあるはずです。

だから、我々はただ祈ったり、内省したりしているべきではありません。我々の社会が許してしまったこの戦争をいかにして収拾し、秩序を回復するのか。そのときありうべき秩序とはどのようなものか。今よりもよい秩序にするためには何が必要か。考えることは無数にあります。

まぁそれはそうなのですが、六回の対談で対話相手兼ホストを務めた私には、そんなことまで考えるだけの見識はないわけです。我々が目指すべき秩序、とかいう話よりは「シリアに派遣された『Ｓｕ-34』は迷彩が褪色してかっこいいですねグフフ」みたいなことばかり言っている人間なので、そもそもあまり高邁な話には適任でないでしょう。ただ、冷戦後の日本で、ロシア軍事の研究をもっぱら生業にするというかなり珍しい立場にある以上、この戦争を前にして「グフフ」とばかりも言っていられない、という道義的な何かを一人の人間として感じることも事実です。

　であるならば、できることをするほかありますまい。そして、それは多分、社会に欠けがちな軍事的知見をフル回転させてこの戦争について語り合うことであろう――とまでちゃんと考えていたわけではありませんが、結果的に本書がそのような役割を果たしているならば世に送り出した甲斐があると思っています。

　なお、対談に応じて下さった千々和泰明氏（防衛省防衛研究所主任研究官）、熊倉潤氏（法政大学教授）、高橋杉雄氏（防衛省防衛研究所防衛政策研究室長）の三人がおられなければ本書が成立しなかったことは言うまでもありません。この場を借りて篤くお礼を申し上げます。また、前回の『ウクライナ戦争の２００日』に続き、本書もまた文藝春秋の鳥嶋七実さんに編集の労をとっていただきました。ありがとうございました。

ウクライナ戦争の動き

月日	事項
2022年 2月21日	ロシアのプーチン大統領が、親ロシア派武装勢力の支配するウクライナ東部で「ドネツク人民共和国」と「ルガンスク人民共和国」の独立を承認
24日	プーチン氏が東部での「特別軍事作戦」の実施を発表
	ウクライナのゼレンスキー大統領が全土に戒厳令を発する
	ロシア軍がチョルノービリ原発を占拠
	ロシア軍がキーウ郊外のアントノフ国際空港を襲撃
25日	国連安全保障理事会でロシア非難決議を採決、ロシアが拒否権行使
26日	欧州連合（ＥＵ）と米英などが国際決済網のＳＷＩＦＴからのロシア排除を表明
	ロシア軍、南東部マリウポリ付近に侵攻
27日	プーチン氏が核を含めた戦力を「特別態勢」にするよう命令
	ロシア軍、北部チェルニヒウを包囲
28日	ベラルーシで一回目の停戦協議　隔たり大きいまま終了
3月1日	ロシア軍が第二の都市ハルキウ中心部やキーウのテレビ塔を攻撃

2日	国連総会緊急特別会合でロシア非難決議採択
3日	ロシア軍が南部ヘルソンを制圧
	ベラルーシで二回目の停戦協議　「人道回廊」の設置で合意
4日	ロシア軍が南東部のザポリージャ原発を攻撃
	ロシア軍が南部ミコライウを包囲しようとするが失敗
	ロシアで「偽情報を流した」と当局がみなした記者らに最大十五年の禁錮刑を科す改正法「フェイクニュース法」が成立
6日	ロシア軍がハルキウの核研究施設「物理技術研究所」を攻撃
7日	ベラルーシで三回目の停戦協議　進展わずか
8日	ロシア軍が北東部ハルキウ州の要衝イジュームへの攻撃を開始
9日	ロシア軍がマリウポリの産科病院を攻撃、妊婦ら死傷
	キーウ東に位置するブロバルイでキーウ攻勢の戦いが始まる
14日	グテーレス国連事務総長「核戦争、起こり得る」と発言
	ロシア国営テレビの編集者が生放送で「戦争反対」の訴え
16日	ロシア軍がマリウポリで住民が多数避難する劇場を空爆
	ゼレンスキー氏が米議会でオンライン演説。米国は軍事支援追加を表明
23日	ゼレンスキー氏が日本の国会でオンライン演説。「制裁継続を」と訴え
24日	主要七カ国（G7）首脳会議をベルギーで開催

26日　バイデン米大統領がポーランドで演説。プーチン氏を「権力の座にとどまり続けてはいけない」と批判

29日　トルコで対面による四回目の停戦協議　ウクライナ側は欧米諸国やトルコなどが防衛義務を負う形での新しい安全保障の必要性を強調

31日　ロシア軍がチョルノービリ原発から撤退を始める

ロシア軍がイジュームを占拠

4月2日　ウクライナ側がキーウ州全域が「解放された」と表明

3日　キーウ近郊のブチャで多数の民間人殺害が判明。ゼレンスキー氏が「ジェノサイド」と非難

6日　ブチャなどでの民間人殺害を受け、米国がロシア最大手銀行などへの追加制裁を発表

7日　国連総会がロシアの人権理事会理事国の資格停止決議を採択

9日　プーチン氏が司令官にアレクサンドル・ドボルニコフ氏を任命したと報じられる

12日　プーチン氏が侵攻後初めて会見。「キーウ近郊の民間人殺害は『フェイク』」と述べる

13日　国際刑事裁判所（ICC）がブチャを訪問。戦争犯罪の本格捜査に入る

15日　ロシア国防省がキーウへのミサイル攻撃再開を表明

16日　ゼレンスキー氏がマリウポリの兵士が全滅なら停戦交渉を打ち切る考えを示唆

17日　ロシア国防省がマリウポリの兵士に投降を要求

18日　ゼレンスキー氏が東部ドンバス地方へのロシア軍の本格攻撃が始まったと表明

21日　ロシアのショイグ国防相がマリウポリを掌握したとプーチン氏に報告。プーチン氏はウクラ

	イナ兵の拠点であり、市民が避難する製鉄所「アゾフスターリ」への攻撃の中止を命じる
	マリウポリ近郊で集団墓地とみられる穴が大量に掘られていたことが、衛星写真で明らかに
22日	ロシア軍が東部で作戦の「第二段階」に注力すると発表
26日	グテーレス氏がモスクワでプーチン氏と会談。マリウポリの「アゾフスターリ」から市民を避難させる際の国連などの関与に「原則として合意」
30日	「アゾフスターリ」から市民の避難が始まる
5月4日	ロシア外務省、岸田文雄首相ら日本人六十三人のロシア入国禁止を発表
5日	東部のドネツ川での戦いが始まる
7日	ロシア軍がウクライナ東部ルハンシク州南西部の都市ポパスナを制圧
9日	ロシアで第二次世界大戦の対独戦勝記念日。プーチン氏は侵攻を正当化
	バイデン氏がウクライナなどへの武器貸与の権限を大統領に与える「武器貸与法」に署名
10日	ベラルーシのルカシェンコ大統領、ウクライナとの国境付近に特殊部隊を配備と発表
	ロシア軍、ドネツ川の渡河作戦を試みるも失敗
13日	米シンクタンク「戦争研究所」、ハルキウからロシア軍が「完全撤退を決断したようだ」との分析を公表
14日	ウクライナ軍、ハルキウ州イジュームに向けて反撃開始
16日	ロシア軍への抵抗を続けていたウクライナの部隊「アゾフ連隊」が投降。ウクライナ側は兵士たちに「アゾフスターリ」からの退避を命令

17日	ICC、ロシア軍によるウクライナでの残虐行為の捜査のため専門家らを現地に派遣と発表
18日	フィンランドとスウェーデン、NATO（北大西洋条約機構）に加盟申請
19日	ローマ・カトリック教会のフランシスコ教皇がロシアによるウクライナ侵攻に関して「第三次世界大戦はもう布告されている」と発言
20日	ロシア国防省がマリウポリの完全制圧を宣言
21日	バイデン氏がウクライナ支援のための総額四百億ドル（約五・一兆円）規模の追加予算案に署名
	ゼレンスキー氏が侵攻前の領土回復で「勝利とみなす」と表明したと報道
23日	ウクライナの検事総長、一万三千件の戦争犯罪を把握していると明らかに
25日	ロシア議会、軍の志願兵の年齢制限を撤廃する法案を可決
	プーチン氏、ウクライナ南部ヘルソン州と中南部ザポリージャ州の住民を対象に、ロシア国籍の取得手続きを簡素化する大統領令に署名
28日	ロシア側、ウクライナ東部の要衝リマンを制圧したと発表。ウクライナ側が拠点とするセベロドネツク市など、東部ドンバス地方で両軍の攻防が激化
29日	ゼレンスキー氏がハルキウ州の前線を訪問し兵士を激励
31日	バイデン氏、高機動ロケット砲システム「ハイマース」（HIMARS）のウクライナへの供与を表明
6月1日	ドイツのショルツ首相、対空ミサイルシステムなどのウクライナへの供与を表明

5日	ロシア軍がキーウを約一カ月ぶりにミサイル攻撃
	英国のジョンソン首相がキーウを訪問し、ゼレンスキー氏と会談
7日	東部ルハンシク州の主要都市セベロドネツクの攻防戦が激化
8日	ウクライナの国外難民が七百万人を超える
	ルハンシク州知事、「セベロドネツクの大部分がロシア軍に掌握された」と発表
11日	セベロドネツクで橋が破壊される
15日	中国の習近平国家主席、プーチン氏に主権や安全保障をめぐる「相互支持」を呼びかけ
16日	仏、独、伊の首脳がキーウを訪問。ゼレンスキー氏と軍事支援強化を確認
17日	プーチン氏が「欧米のロシアに対する経済制裁は失敗」「一極集中の世界秩序の時代は終わりを告げた」と発言
19日	ウクライナ議会、ロシアの一部の音楽や映像の公共の場での再生、演奏を禁止する法案を可決。ロシアの出版物の輸入禁止も決定
23日	核兵器禁止条約の初の締約国会議閉幕。核兵器廃絶を目指すための条約の運用方針をまとめた「ウィーン行動計画」と、「核なき世界」の実現を国際社会に呼びかける宣言を採択
	米国に提供を求めていた「ハイマース」がウクライナに到着
24日	セベロドネツクからウクライナ軍が撤退を始める
25日	ロシア国防省はセベロドネツクをめぐり、「完全に支配を確立した」との見解を示す
26日	G7サミットがドイツ南部エルマウで開幕

28日	エルマウで開かれていたＧ７にて、ロシアが軍を無条件で即時撤退させるよう「中国がロシアに圧力をかけることを求める」と首脳声明に盛り込まれる
	スウェーデンとフィンランドのＮＡＴＯ加盟が認められる見通しとなる
	「戦争研究所」は、ロシアの侵攻作戦を統括していたドボルニコフ司令官が更迭され、ゲンナジー・ジトコ氏に交代したとの分析を発表
30日	ロシア軍が、ウクライナ側の攻撃を受け黒海の要衝の島ズミイヌイ島から撤退。ロシアの海域封鎖が緩み、ウクライナの穀物輸出の再開につながる可能性が高まる
7月3日	ロシア国防省は、ウクライナ側のルハンシク州最後の拠点になっていたリシチャンシク市を「ロシア軍が包囲した」と発表
7日	ウクライナ軍参謀本部は東部ドネツク州スラビャンスクの攻防でロシア軍を撃退したと発表
	イギリスのジョンソン首相が辞任を表明
	プーチン氏はウクライナ侵攻について「米国支配の世界秩序の根本的な破壊の始まりを意味する」と述べ、欧米を強く牽制
9日	英国防省はロシアが攻勢を強めるため、国内各地から予備部隊をウクライナ国境付近に集結させつつあるとする分析を公表。同時にロシア軍の余力のなさを指摘
	ゼレンスキー氏はウクライナ軍に対し、ロシアに占領された土地の奪還を命じる
11日	プーチン氏は、ロシア国籍の取得手続きの簡素化を住民に認める地域をウクライナ全土に拡大する大統領令に署名

	南部のロシア占領地域の奪還を目指してウクライナ軍の反転攻勢が始まる
17日	ゼレンスキー氏が同国の検事総長と保安局のトップを解任。組織内でロシアに協力の疑い
20日	ロシアのラブロフ外相が南部の支配拡大も目標と明言
22日	ロシアによる黒海封鎖で小麦輸出などが滞っている問題で、トルコと国連が仲介し、輸出再開に向け、ロシア、ウクライナが合意文書に署名
23日	食糧輸出再開の合意文書で積出港に定められていた南部オデーサ港にロシアがミサイル攻撃
24日	ロシア外務省はオデーサ港への攻撃をめぐり「破壊したのは軍事施設」と主張
25日	ロシアはドイツと結ぶ海底ガスパイプライン「ノルドストリーム」の供給量を五分の一に削減すると発表
29日	東部の親ロシア派支配地域の捕虜収容所への攻撃で、拘束されていたウクライナ兵五十人超が死亡
31日	ウクライナ大統領府の高官、NHKの単独インタビューで、冬の到来を前に東部と南部の領土奪還を目指して戦闘を終結させたい考えを明らかに
8月2日	ウクライナから国外への避難民が一千万人を超えたとUNHCR（国連難民高等弁務官事務所）が明らかに
4日	ゼレンスキー氏は、戦争終結に向け、中国の習近平氏と「直接」協議を求めていると明らかに
	EU、元ウクライナ大統領で親ロシア派のヤヌコビッチ氏を制裁リストに加えることを決定。氏は再び大統領に就こうと画策していた

5日	ロシア軍、ザポリージャ原発に再びミサイル攻撃
6日	英国防省が「ロシアの対ウクライナ戦争は新たなフェーズに入ろうとしている」との見解を発表。ロシア軍に、東部ドンバス地方から南部に兵力を集中させる動き
8日	米政府はウクライナに長距離兵器など十億ドルの追加支援策を発表。過去最大規模に
9日	ロシア国防省は、ウクライナ軍のハイマース弾薬庫を破壊したと発表
	クリミア半島で航空機搭載用の弾薬が爆発
11日	ザポリージャ原発をめぐって国連安全保障理事会の緊急会合が開かれる
	ゼレンスキー氏、クリミアの領土奪還に向けた協力を呼びかける
12日	米高官は、ロシアが南部ヘルソン州や南東部ザポリージャ州、東部ドネツク州、ルハンシク州で併合に向けた国民投票の準備を進めているとの見方を示す
	ロシア軍が掌握するザポリージャ原発について、EU諸国や日本など四十二カ国がロシア軍の即時撤退を求める共同声明を発表
13日	ヘルソン奪還を目指すウクライナ軍とロシア軍との攻防が激化
14日	ゼレンスキー氏は、戒厳令と総動員令の延長法案を議会に提出。長期戦に備える構え
16日	クリミア半島のロシア軍施設でウクライナ軍の攻撃とみられる複数の爆発
18日	トルコのエルドアン氏、ゼレンスキー氏、国連のグテーレス氏が西部のリビウで会談。ロシアが占拠するザポリージャ原発の非武装化を訴える
21日	ロシアの右派思想家アレクサンドル・ドゥーギン氏の娘でジャーナリストのダリヤ・ドゥー

ギナ氏がモスクワ郊外で車に仕掛けられた爆弾で死亡

英仏独米の四カ国首脳がロシア軍占拠のザポリージャ原発について電話協議

22日　ウクライナ兵の死者は九千人近くに上るとウクライナ軍総司令官が明らかに

23日　二〇一四年にロシアが一方的に併合した南部クリミア半島の返還を訴える「クリミア・プラットフォーム」が開催され、日本を含む約六十カ国が参加

ロシアが占拠するザポリージャ原発をめぐり、国連安全保障理事会が緊急会合を開催。ディカルロ事務次長が一帯の非武装化を改めて訴える

24日　ロシアのウクライナ侵攻から半年。ウクライナの独立記念日にもあたるこの日、国連安全保障理事会で五十四カ国が共同声明を発表。ロシア軍の即時撤退を求める

米国防省は高性能の地対空ミサイルシステムを含む三十億ドルの追加軍事支援を発表

25日　ザポリージャ原発周辺で砲撃が相次ぐ

ゼレンスキー氏とバイデン氏が電話協議。ロシア軍が占拠するザポリージャ原発について、管理権をウクライナに返還し、ＩＡＥＡ調査団の派遣を受け入れるようロシアに要求

プーチン氏はロシア軍の人員を一割増員する大統領令に署名

26日　核軍縮、拡不拡散、原子力の平和利用を柱とする核不拡散条約（ＮＰＴ）の再検討会議が決裂。ロシアが同意せず「最終文書」が不採択に

28日　ゼレンスキー氏、東部ドンバス地方奪還の決意を語る

29日　ウクライナ軍がヘルソン州で新たな攻勢に乗り出したと報じられる

9月10日	ウクライナ軍は東部ハルキウでの攻勢でハルキウ州ほぼ全域を奪還
13日	ウクライナ大統領府のイエルマク長官とNATOのラスムセン前事務総長が、ウクライナの安全保障についての新たな法的枠組案「キーウ安全保障盟約案」を提言
21日	プーチン氏が最大三十万人の予備役を招集するとの部分動員令を発表
30日	プーチン氏はウクライナ東部と南部の四州のロシア併合文書に署名。国際社会は強く非難。ウクライナはNATO加盟を正式に申請
10月8日	ロシア本土とクリミア半島を結ぶ唯一の陸路であるクリミア橋で爆発、一部が崩落 ロシア国防相は全ロシア軍部隊の司令官にセルゲイ・スロビキン氏を任命
11月9日	ロシアのショイグ国防相は南部の都市ヘルソンからの撤退を軍に命令
15日	ミサイルがポーランドに着弾。ウクライナ軍の迎撃ミサイルとの見方が強まる
24日	ロシア軍はウクライナの重要なエネルギーインフラを大規模攻撃、数百万人が電気と暖房を失う
12月22日	ゼレンスキー氏が米議会で演説し、兵器供与や追加資金支援を強く訴え。バイデン政権はこの日、ウクライナへの追加軍事支援を発表（地対空ミサイルシステム「パトリオット」も含む）
2023年	
1月4日	バイデン氏は、歩兵戦闘車「ブラッドレー」をウクライナに供与する方針を確認
14日	英国は主力戦車「チャレンジャー2」の提供を表明。主力戦車の供与は西側諸国で初
25日	米国は主力戦車「M1エイブラムス」三十一両のウクライナへの供与を明らかに。ドイツも

	主力戦車「レオパルト２」の供与を表明
26日	米国はロシアの民間軍事会社ワグネル・グループを国際犯罪組織に指定すると発表
2月3日	米国はウクライナへのＧＬＳＤＢと呼ばれる長距離ロケット弾の供与を決定
8日	ゼレンスキー氏訪英。スナク英首相は長距離ミサイルと戦闘機のウクライナ供与の検討を発表
20日	バイデン氏はウクライナを電撃訪問、首都キーウでゼレンスキー氏と会談。ロシアの侵攻開始から一年を前に連帯を演出
21日	プーチン氏は米国と交わした新戦略兵器削減条約（新ＳＴＡＲＴ）の履行停止を表明
24日	ロシア・ウクライナ戦争の勃発から一年
25日	ポーランドが供与を表明していた「レオパルト２」がウクライナに到着
3月8日	ワグネルのプリゴジン氏が東部要衝バフムトの東側掌握を発表
27日	ドイツから「レオパルト２」がウクライナに到着
4月14日	プーチン氏は、兵役義務の招集令状についてオンライン通知も可能とする改正案に署名、成立
19日	地対空ミサイル「パトリオット」がウクライナに到着
5月3日	モスクワにドローン攻撃がなされる
9日	モスクワで対ドイツ戦勝記念日のパレードが行われる
20日	ワグネルのプリゴジン氏がバフムトの完全掌握を発表

20〜21日	G7広島サミット。急遽ゼレンスキー氏も来日。バフムトにおけるロシアの完全掌握を否定。ウクライナが供与を求めるF16戦闘機についてはヨーロッパ同盟国による供与をアメリカが容認と発表
31日	英国防省が戦争の主導権がロシアからウクライナに移りつつあると分析
6月5日	ロシア国防省はウクライナが反攻開始したと発表
6日	ウクライナ南部ヘルソン州カホフカ水力発電所のダムが決壊、大規模洪水が起きる
11日	プリゴジン氏、ロシア国防省によるワグネルとの契約命令を拒否
19日	ウクライナは南部ザポリージャ州などで八集落の奪還を発表
23日	ワグネルのプリゴジン氏による武装反乱が起きる。ロシア南部ロストフ州の軍司令部を掌握するものの、モスクワへの進軍を止める
7月7日	アメリカは殺傷能力の高いクラスター弾の供与を表明
12日	NATO首脳会議が閉幕。「ウクライナの未来はNATOにある」との見解で合意するが、加盟の具体的な期限はもうけず
19日	穀物輸出協定の失効の翌日にあたるこの日、南部の港湾都市オデーサをロシア軍が攻撃
22日	プーチン氏批判の強硬主戦派のイーゴリー・ギルキン氏がモスクワの自宅で拘束される
25日	ロシア、ドナウ川の穀物倉庫を攻撃
	ロシア下院はロシア軍の徴兵年齢の上限を三十歳に引き上げる法案を可決
30日	ロシア国防省、ウクライナがモスクワにドローン攻撃と主張

8月4日	ウクライナ当局はロシアの黒海主要港ノヴォロシースクを水上ドローンで攻撃、ロシア海軍艦を破損させたと発表
18日	ロシア軍とウクライナ軍の合計の死傷者数が約五十万人に上るとの推計を米紙ニューヨーク・タイムズが報じる
23日	ワグネルのプリゴジン氏らを乗せた自家用機がモスクワの北東三百キロのトヴェリ州で墜落したとされる
24日	プーチン氏、ワグネルのプリゴジン氏について、「人生において深刻な過ちをいくつか犯した」「有能な人物だった」と述べた

小泉　悠（こいずみ ゆう）

1982年千葉県生まれ。早稲田大学大学院政治学研究科修士課程修了。未来工学研究所特別研究員、外務省専門分析員、国立国会図書館非常勤調査員などを経て2019年から東京大学先端科学技術研究センター特任助教、2022年より専任講師。ロシアの軍事・安全保障が専門。2019年、『「帝国」ロシアの地政学――「勢力圏」で読むユーラシア戦略』（東京堂出版）でサントリー学芸賞を受賞。他の著書に『プーチンの国家戦略――岐路に立つ「強国」ロシア』（東京堂出版）、『軍事大国ロシア――新たな世界戦略と行動原理』（作品社）、『現代ロシアの軍事戦略』『ウクライナ戦争』（ともにちくま新書）、『ロシア点描――まちかどから見るプーチン帝国の素顔』（PHP研究所）、共訳書にD・トレーニン『ロシア新戦略――ユーラシアの大変動を読み解く』（作品社）など。

文春新書

1419

終《お》わらない戦争《せんそう》
ウクライナから見《み》える世界《せかい》の未来《みらい》

2023年9月20日　第1刷発行

著　者　　小泉　悠
発行者　　大松芳男
発行所　株式会社　文藝春秋
〒102-8008　東京都千代田区紀尾井町3-23
電話（03）3265-1211（代表）

印刷所　　理想社
付物印刷　大日本印刷
製本所　　大口製本

定価はカバーに表示してあります。
万一、落丁・乱丁の場合は小社製作部宛お送り下さい。
送料小社負担でお取替え致します。

ISBN978-4-16-661419-6